城市市政设施养护与维修系列丛书

城市桥梁养护与维修

主　编　徐会忠　田章华　王云江
主　审　张海东

中国建材工业出版社

图书在版编目（CIP）数据

城市桥梁养护与维修/徐会忠，田章华，王云江主编．--北京：中国建材工业出版社，2019.4
（城市市政设施养护与维修系列丛书）
ISBN 978-7-5160-2510-9

Ⅰ.①城…　Ⅱ.①徐…　②田…　③王…　Ⅲ.①城市桥—保养　②城市桥—维护　Ⅳ.①U448.155.7

中国版本图书馆 CIP 数据核字（2019）第 034538 号

内 容 简 介

本书主要内容包括桥梁养护概述、桥梁检查与评定、桥梁日常养护维修、桥梁专项养护维修、桥梁养护安全保证、桥梁养护应急预案、桥梁养护信息化、桥梁加固等。

本书可供从事桥梁工程、市政工程养护与管理的技术人员学习参考，也可作为普通高校土木工程、桥梁工程、市政工程等相关专业的教学用书。

城市桥梁养护与维修
Chengshi Qiaoliang Yanghu Yu Weixiu
主编　徐会忠　田章华　王云江

出版发行：中国建材工业出版社
地　　址：北京市海淀区三里河路 1 号
邮　　编：100044
经　　销：全国各地新华书店
印　　刷：北京鑫正大印刷有限公司
开　　本：850mm×1168mm　1/32
印　　张：6.375
字　　数：160 千字
版　　次：2019 年 4 月第 1 版
印　　次：2019 年 4 月第 1 次
定　　价：38.00 元

本社网址：www.jccbs.com，微信公众号：zgjcgycbs
请选用正版图书，采购、销售盗版图书属违法行为

《城市市政设施养护与维修系列丛书》编写委员会

《城市市政设施养护与维修系列丛书——城市桥梁养护与维修》编写委员会

主　　审：张海东

主　　编：徐会忠　田章华　王云江

副 主 编：章怡人　崔红星　方黎刚　董奇森
　　　　　姚　震

参　　编：马巧明　方　力　邓　婕　任肖琪
　　　　　刘建华　许铁柱　张文俊　余华斌
　　　　　李俊婕　李淳学　金礼定　陆苏卫
　　　　　陈　欣　邵　俊　周晓亚　陈　斌
　　　　　周溢滨　祝国琰　徐　驰　顾　挺
　　　　　夏哲民　徐德灵　郭莹樑　黄频运
　　　　　蒋剑峰　斌　峰　楼　胤

（参编按姓氏笔画排序）

编写单位：杭州市路桥集团股份有限公司

序

近年来我国城市道路、城市桥梁、城市管道、城市轨道与城市隧道建设发展迅速，未来几年建设任务更繁重。随着道路、桥梁、管道、轨道及隧道等使用时间的延长，加之交通量及轴重增大、气候环境恶化等因素影响，路面不同程度出现开裂，桥梁、管道出现破损等，严重影响车辆的正常通行与安全。

为了延长道路、桥梁等基础设施的使用年限并保障其畅通，确保其服务水平与安全，我们必须本着“建养并重、以养为主、预防为主、防治结合”的原则，采取有效的养护措施。确保使用安全和服务水平是养护工作的核心，且具有十分重要的意义。

多年来，杭州市路桥集团股份有限公司致力于城市道路、城市桥梁、城市管道、城市轨道与城市隧道的养护维修技术，为提高养护工作效益，减少养护安全投入，持续开展了道路、桥梁养护技术方面的研究，研发了一些新技术、新材料与新工艺，积累了丰富的经验。为了提高养护和维修的管理水平，保证基础设施的质量与安全，同时也便于现场一线技术和管理人员的学习与使用，特编写了这套《城市市政设施养护与维修系列丛书》。本系列丛书主要包括：

（1）《城市道路养护与维修》

（2）《城市桥梁养护与维修》

（3）《城市管道养护与维修》

（4）《城市轨道养护与维修》

(5)《城市隧道养护与维修》

(6)《城市河道养护与维修》

本系列丛书力求内容详实、系统、新颖、实用，紧密结合市政工程、养护维修一线的实际情况，突出实际应用。通过阅读本系列丛书，可以使养护维修技术在实际施工中切实地加以落实，并促进同仁间的学习交流。

王云江

2018年8月

前　言

随着经济的快速发展，我国城市建设突飞猛进，道路里程数有了很大增长，桥梁更是随处可见，然而随着汽车工业的发展，交通运输量大幅度增长，车辆载重也越来越大，同时随着城市桥梁使用年限的增加，桥梁结构的一些病害逐渐显现并呈现出日益加重的趋势。现有的数以万计的桥梁，特别是20世纪80年代以前修建的桥梁，由于设计荷载标准低，承载能力不够，远远不能满足现在的安全需求，加之年久失修、养护不够，相当多的桥梁发生不同程度的破损，正逐步成为危桥，影响车辆的正常通行。为防止事故的发生，避免国民经济和人民生命财产出现重大损失，对桥梁结构进行养护和加固显得更加重要。相关部门应及时发现桥梁出现的病害和缺陷，并进行维修和加固补强，防患于未然，同时加快旧危桥整治和加固，确保交通畅通和安全。

养护和维修旧桥产生的费用远小于新建桥梁，又不阻碍交通。对现有桥梁进行维修、养护、加固，能够使其恢复设计承载能力或提高荷载标准，延长桥梁的使用年限。桥梁的加固费用约为重建新桥的30％～40％，可以节省大量资金。

本书基于实用、系统、可操作性强的编写要求，系统地介绍了桥梁的常见病害养护与维修等内容。全书共分为8章，内容包括：概论、桥梁检查与评定、日常养护维修、专项养护维修、养护安全保证、养护应急预案、桥梁养护信息化、桥梁加固。全书注重理论联系实际，对从事桥梁养护的管理者和技术人员具有较好的指导作用。

由于时间仓促，编者水平有限，本书难免存在疏漏与不足，真诚希望广大读者和同行提出宝贵意见。

编者

2019 年 3 月

目　录

第1章 概　　论

1.1 桥梁养护概述

随着我国经济社会的快速发展，交通运输量大幅度增长，行车密度及车辆载重量越来越大，尤其是拖挂运输、集装箱运输、个体户载重货物运输等用途的重型车辆与日俱增，这对城市桥梁的安全性提出了更高的要求，特别是修建年代较远的低等级荷载桥，已远远不能满足现有交通的需要。

在现有城市道路上，数以万计的旧桥，特别是20世纪80年代以前修建的桥梁，由于设计荷载标准低，承载能力不足，加之年久失修、养护不够，发生了不同程度的破损，正逐步成为“危桥”，成了不断提升技术等级的公路上的“卡脖子”路段。

对于不能适应现代交通运输要求的桥梁，如果全部拆除重建，不仅耗费巨大资金，而且一般在时间上也不允许，而养护和维修旧桥所产生的费用远小于新建桥梁，又不会阻碍交通。因此，需要不断加强对现有桥梁的养护、维修、加固与改造，使其恢复设计承载能力或提高荷载标准，延长桥梁的使用年限、保障市政建设的可持续发展。

在市政建设中，我国要求各级交通主管部门积极贯彻“建养并重”的方针，将桥梁的养护、维修、加固与改造工作列入议事日程，及时发现桥梁发生的病害和出现的缺陷，并及时维修、加固补强，防患于未然，确保交通畅通和发展。加固旧危桥，恢复和提高它们的承载能力，使其继续为现代交通运输服务，可以给国家带来巨大的社会效益和经济效益。

1.2 桥梁的组成与分类

1.2.1 桥梁的组成

桥梁一般由上部结构、下部结构、支座和附属结构物 4 部分组成，如图 1-1 所示。

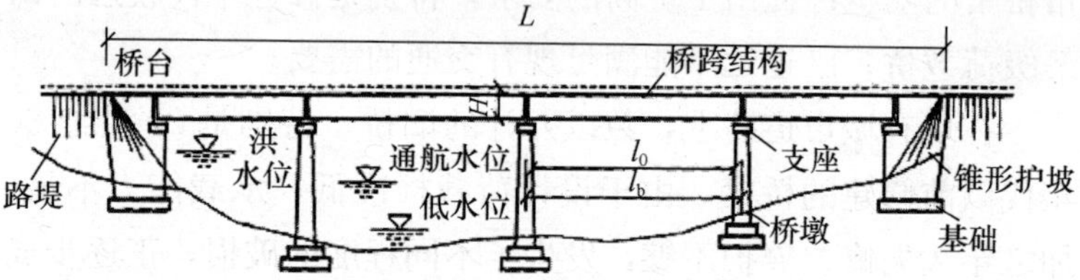

图 1-1 桥梁的基本组成示意图

上部结构是指桥梁位于支座以上的部分，通常称为桥跨结构。桥跨结构是在线路中断时跨越障碍物的主要承重结构。它的主要作用是承受其上桥面荷载和交通荷载。

下部结构通常包括桥墩、桥台和基础。桥墩和桥台是支承桥跨结构并将恒荷载和车辆等活荷载传至基础的结构物。通常桥台设置在桥两端，它除具有支承桥跨结构作用外，还起到衔接桥梁和路堤的作用，并抵御路堤土压力，防止路堤填土的滑坡和塌落。桥墩和桥台中使全部荷载传至地基的底部奠基部分，通常称为基础。桥墩和桥台传来的荷载包括竖向荷载以及地震力、船舶撞击力等引起的水平荷载。基础是桥梁结构的根基，是确保桥梁安全使用的关键。

支座是在桥跨结构与桥墩或桥台的支承处所设置的传力装置，它不仅要传递很大的荷载，而且要保证桥跨结构能产生一定的变位。

在桥梁建筑工程中，除上述基本结构外，根据需要还常常修筑桥面系、护岸、导流结构物和导航装置等附属结构物。桥面系包括桥面铺装、排水防水系统、栏杆、伸缩缝以及灯光照明等。

河流中的水位是变动的，在枯水季节的最低水位称为低水位，洪峰季节的最高水位称为高水位。桥梁结构按规定的设计洪水频率计算所得的高水位称为设计洪水位。在通航河流，满足正常通航净空要求的最高水位称为设计通航水位。

下面介绍一些与桥梁布置和结构有关的主要尺寸和术语名称。

标准跨径：对于梁式桥是指两相邻桥墩中心线之间的距离，或桥墩中心线至桥台台背前缘之间的距离；对于拱式桥，则是指净跨径。标准路径一般用 l_b 表示。

净跨径：对于梁式桥是指设计洪水位上相邻两个桥墩（或桥台）之间的净距，用 l_0 表示。对于拱式桥，净跨径是指每孔拱跨两个拱脚截面最低点之间的水平距离。

总跨径：在单孔桥中即为桥梁的净跨径，在多孔桥中是指各孔净跨径的总和，以 $\sum l_0$ 表示。它反映了桥下宣泄洪水的能力。

计算跨径：对于有支座的桥梁，是指桥跨结构相邻两个支座中心之间的水平距离，以 l 表示。对于拱式桥，是指两相邻拱脚截面形心点之间的水平距离。桥跨结构的力学计算式以计算跨径 l 为基准。

桥梁全长：简称桥长，是指桥梁两端两个桥台的侧墙或八字墙后端点之间的距离，以 L 表示。

桥梁高度：简称桥高，是指桥面与低水位之间的高差，以 H_1 表示。桥高在某种程度上反映了桥梁施工的难易性。

桥下净空高度：简称净高，是计算通航水位或洪水位至桥跨结构最下缘之间的距离，以 H 表示。它应能保证安全排洪，并不得小于对该河流通航水位所规定的净空高度。

建筑高度：桥上行车路面标高至桥跨结构最下缘之间的距离，以 h_0 表示。它不仅与桥跨结构的体系和跨径大小有关，而且随行车部分在桥上布置的高度位置而异。城市定线中所确定的桥面标高与通航净空顶部标高之差，称为容许建筑高度。显然，桥梁的建筑高度不得大于其容许建筑高度，否则就不能保证桥下的通航要求。

净矢高：对于拱式桥，是指从拱顶截面下缘至相邻两拱脚截面下缘最低点之间连线的垂直距离，以 f_0 表示。

计算矢高：从拱顶截面形心至相邻两拱脚截面形心之间连线的垂直距离，以 f 表示。

矢跨比：拱式桥中拱券的计算矢高 f 与计算跨径 l 之比，以 f/l 表示，也称拱矢度，它是反映拱式桥受力特性的一个重要指标。

1.2.2 桥梁的分类

桥梁可以按结构体系、跨径、桥面位置、主要承重结构所用的材料、跨越方式、施工方法进行分类。

(1) 按结构体系分类。按结构体系分类是以桥梁结构的力学特征为基本着眼点，以利于把握各种桥梁的基本特点，也是桥梁工程学习的重点之一。以主要的受力构件为基本依据，桥梁可分为梁式桥、拱式桥、刚架桥、斜拉桥、悬索桥五大类。

(2) 按跨径分类。按跨径分类是一种行业管理的手段，并不反映桥梁工程设计和施工的复杂性。表1-1是我国《公路工程技术标准》(JTG B01—2014) 规定的桥涵分类。

表1-1 桥涵分类

桥涵分类	多孔跨径总长 L (m)	单孔跨径 L_k (m)
特大桥	$L>1000$	$L_k>150$
大桥	$100\leqslant L\leqslant 1000$	$40\leqslant L_k\leqslant 150$
中桥	$30<L<100$	$20\leqslant L_k<40$
小桥	$8\leqslant L\leqslant 30$	$5\leqslant L_k<20$
涵洞	—	$L_k<5$

(3) 按桥面位置分类。

上承式桥：桥面布置在桥跨结构上面。

下承式桥：桥面布置在桥跨结构下面。

中承式桥：桥面布置在桥跨结构中间。

(4) 按主要承重结构所用的材料分类。可分为木桥、钢桥、圬工桥（包括砖、石、混凝土桥）、钢筋混凝土桥和预应力钢筋混凝土桥。

(5) 按跨越方式分类。可分为固定式桥梁、开启桥、浮桥、漫水桥等。

(6) 按施工方法分类。混凝土桥梁可分为整体式施工桥梁和节段式施工桥梁。

1.3 桥梁养护工作的内容

每座桥梁在使用过程中，其结构功能和使用性能会因行车荷载和环境因素的不断作用而逐渐被破坏；如果遇上突发事故或自然灾害，则还会发生破损乃至毁坏。因此，在桥梁使用期内需要由具备一定桥梁知识与技能的人员并投入一定的资金，对桥梁进行养护和管理，使每座桥梁保持一定的服务水平，并处于完好的技术状态，延长其使用年限。

一般而言，桥梁养护工作应包括以下四个方面：

（1）技术状况检查。为了保证城市道路畅通无阻，必须加强对桥梁构造物的检查，以便及时系统地掌握桥梁的技术状况，及时发现缺损和相关环境的变化以及可能导致桥梁损坏的隐患，从而有针对性地对桥梁进行保养、维修和加固工作。

进行技术状况检查的目的在于系统掌握技术状况，及时发现病害，采取相应养护措施。

（2）建立和健全桥梁技术档案。应根据桥梁检查结果，评定桥梁技术状况，并建立技术档案，从而为桥梁养护维修和安全评估提供依据。桥梁技术档案系统应至少包括桥梁设计施工、桥梁结构检测及桥梁养护维修等三个子系统。

（3）对桥梁构造物进行安全防护。桥梁构造物如遇缺损，应立即进行修理、更换和恢复。在非常时期，如在流冰和洪水期间应及时采取防护措施。木结构和一些大型桥梁应设有消防措施。重要的特大桥梁还应设立专门桥梁养护机构。

（4）对桥梁构造物进行经常性的保养、维修。依照有关的技术法规，采取正确的、先进的技术措施，对桥梁及其附属设施进行经常性的保养、维修（应保证符合载重等级要求，以保证车辆安全通行）。通过保养、维修不能维持原设计载重等级要求时，应有计划地进行技术改造。

桥梁的养护工作按其性质、规模大小、技术难易程度可分为五类。

（1）保养小修工程：指对城市桥梁及附属设施进行日常保养和修补其轻微损坏部分，使其保持完好的工作状态。此项工作经常进行。对一些特大型特殊桥梁，此项工作每天都要重复进行。

（2）中修工程：指对城市桥梁及附属设施的一般性损坏进行维修，恢复其原有的技术水平和标准的工程。此项工作定期按计划进行。

（3）大修工程：指对城市桥梁及附属设施较大的损坏进行综合治理，全面恢复到原有的技术水平和标准的工程及对桥梁结构维修改造的工程。此项工作应每隔数年（如10～15年）按上级批准的年度计划进行。

（4）加固工程：指对桥梁结构采取补强、修复、调整内力等措施，从而满足结构承载力及设计要求的工程。

（5）改扩建工程：指城市桥梁因不适应现有的交通量、载重量增长的需要，需提高技术等级标准，显著提高其运行能力的工程和桥梁结构严重损坏，需恢复技术等级标准，拆除重建的工程。

桥梁结构养护工程分类与工作内容见表1-2。

表1-2 桥梁结构养护工程分类与工作内容

养护工程分类		相应工作内容
保养小修	保养	（1）清理污泥、积雪、杂物，保持桥面的清洁； （2）疏通涵管，疏导桥下河槽淤泥； （3）伸缩缝养护、泄水孔疏通、钢支座加润滑油、栏杆油漆； （4）钢构件的除锈、刷漆
	小修	（1）修理更换栏杆和木桥梁的局部损坏构件，修理泄水孔、伸缩缝等； （2）修补桥面、墩台及河床铺底和河道防护圬工的微小损坏； （3）修理接长涵洞和进出口的铺砌加固

续表

养护工程分类	相应工作内容
中修	（1）修理更换木桥梁的较大损坏构件及防腐； （2）修理更换大、中桥支座及个别构件； （3）大、中型钢桥的全面油漆、除锈和各部构件的检修； （4）重建、增减、接长涵洞，改建桥梁河床铺底或调治构造物
大修	（1）对城市桥梁及附属设施较大的损坏进行综合治理； （2）改建、增建小桥和技术简单的中桥； （3）改建、增建较大的永久性调治构造物
加固	对桥梁结构采取补强、修复、调整内力等措施
改扩建	（1）提高桥梁技术等级标准，显著提高其运行能力； （2）桥梁结构严重损坏，需恢复技术等级标准，拆除重建

第 2 章　桥梁检查与评定

为保证桥梁的完好、畅通、安全、整洁，应对使用中的桥梁进行检查，及时掌握桥梁的基本状况，并采取相应的养护措施。

了解桥梁的技术状况及缺陷和损伤的性质、部位、严重程度、发展趋势，弄清缺陷和损伤对桥梁承载能力和使用性能的影响，能为桥梁维修加固设计提供可靠的技术数据和依据。

桥梁检查是进行桥梁评定、养护、维修与加固的先导工作，决定了维修与加固方案是否可行和正确与否。

桥梁的检查可以分为经常性检查、定期检测和特殊检测三种。

2.1　经常性检查

经常性检查又叫日常巡查，是指按照规定的周期，对桥梁主体结构及其附属构造物的技术状况进行定期跟踪的全面检查，以评定桥梁的技术状况。

经常性检查应按桥梁的类别、级别、技术等级分别测定巡检周期，一般一月一次，由路段养护人员或桥梁养护人员负责。对重要桥梁，或遇恶劣天气、汛期、雨期、冰冻等特殊情况，周期宜缩短，特殊情况可设专人看护。其目的是随时掌握桥梁技术状态，确保桥梁结构功能正常，发现问题及时采取应对措施，对需要做进一步检查和维修的桥梁写出报告。

经常性检查主要采用目测方法，当场填写《日常巡检报表》（表 2-1），登记所检查项目的缺损类型，必要时进行录像。估计缺损范围及保养工作量，提出相应的小修保养措施。桥梁巡查中发现的各种位移，应在现场用油漆标示其范围并将日期标注清楚，并做影像记录（附病害状况说明）。在观察裂缝时，为将其充分显现，可使用丙酮涂液。

表 2-1　日常巡检报表

桥梁名称（编号）			巡检单位		
检查项	完好	损坏类型	损坏程度（数量）	损坏位置	备注
桥如牌	□是□否				
限高牌、限载牌	□是□否				
车行道	□是□否				
人行道	□是□否				
伸缩缝	□是□否				
栏杆	□是□否				
排水设施	□是□否				
桥路连接位置	□是□否				
上部结构	□是□否				
支座	□是□否				
下部结构	□是□否				
桥梁保护区域内施工					
其他危及行人、行船、行车安全的病害					
巡查人			巡查日期	年　月　日 星期　　天气	

经常性检查主要针对桥梁结构性问题，如沉降观测、裂缝观测、台背填土沉降测量、支座检查、梁板位移观测等。

桥梁经常性检查大体上包括下列内容：

（1）桥面平整度，裂缝发育程度，局部坑槽、沉陷、波浪、碎边，混凝土桥面剥离、渗漏，钢筋锈蚀，桥头跳车等。

（2）排水设施，桥面泄水管。

（3）桥面清洁状况。

（4）伸缩缝，支座位置及连接部件。

（5）人行道、缘石、栏杆、扶手和引道防栏（柱）破损、锈蚀情况等。

（6）河床冲刷情况。

（7）墩台基础是否发生冲刷变形、下沉。

（8）墩台是否受到船只或漂浮物撞击等。

（9）翼墙（侧墙、耳墙）有无开裂、风化剥落和异常变形。

（10）锥坡、护坡有无局部塌陷，铺砌面是否塌陷、缺损等。桥头排水沟和行人台阶是否完好。

（11）交通信号、标志、标线、照明设施状况。

2.2　定期检测

桥梁定期检测是指通常由具有一定检查经验并受过专门桥梁检查培训以及熟悉桥梁设计、施工等方面知识的桥梁检查工程师，按照规定周期，对桥梁主体结构及附属构造物的技术状况进行定期跟踪的全面检查。

1. 定期检测的目的

桥梁的定期检测以目视观察为主，辅以必要的工具、常规测量仪器、照相机和其他现场用器材等手段，实际判断桥梁缺损原因，做出质量状况评分，并估计需要维修的范围及方法，或提出限制交通的建议。对需要进一步查明原因或继续观察的缺损部件，提出特殊检查或下次检查的时间要求。

2. 定期检测的周期

定期检测的周期按下列情况确定：

（1）新建桥梁交付使用一年后，进行第一次全面检查。

（2）桥梁检查周期一般为三年，桥梁检查工程师可视被检查桥梁的技术状况，适当调整检查周期。

（3）非永久性桥梁每年检查一次。

（4）根据桥梁养护工程师报告，对于在经常性检查中发现的重要部（构）件病害状况为三四类的桥梁，应立即安排一次检查。

3. 定期检测的工艺流程

桥梁定期检测工作应按规范程序进行，如图 2-1 所示。

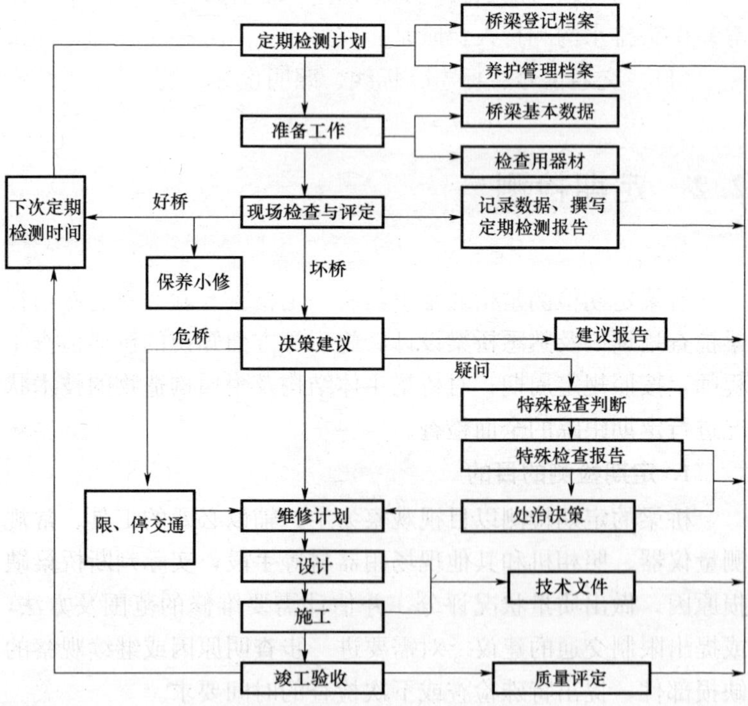

图 2-1　桥梁定期检测工艺流程图

4. 定期检测的内容

桥梁定期检测的具体项目和内容如下：

（1）桥面铺装：是否有坑槽、开裂、车辙、松散、不平、桥头跳车现象等。

（2）栏杆：是否发生松动、损坏、锈蚀和变形等。

（3）伸缩缝：是否有破损、结构脱落、淤塞、填料凹凸、跳车、漏水等。

（4）排水设施（防水层）：桥面横坡、纵坡是否顺适，有无积水；泄水管有无损坏、堵塞，泄水能力如何；防水层是否工作正常，有无渗水现象等。

（5）上部结构：

① 梁式结构：主梁支点、跨中、变截面处有无开裂，最大裂缝值；梁体表面有无孔洞、蜂窝、麻面、剥落、露筋；有无局部渗水；横隔板是否开裂、焊缝是否断裂；钢结构锈蚀情况、变形情况等。

② 圬工拱式桥：主拱券是否开裂、渗水、砂浆松动、脱落、变形；拱脚是否开裂；拱腹是否变形、错位；立墙、立柱是否开裂、脱落；侧墙有无鼓肚、外倾等。

③ 双曲拱式桥：拱脚有无压缩；拱券 1/4 处、3/4 处、顶部是否开裂、破损、露筋、锈蚀；拱肋与拱波结合处是否开裂；波间砂浆是否脱落、松散，横隔连系是否开裂、破损等。

（6）支座：位移是否正常；橡皮支座是否老化、变形；钢板滑动支座是否锈蚀、干涩；各种支座固定端是否松动、剪断、开裂等。

（7）桥墩：墩身是否开裂，局部外鼓，表面风化、剥落、空洞、露筋；是否有变形、倾斜、沉降、冲刷、冲撞损坏情况等。

（8）桥台：是否开裂、破损，台背填土是否有裂缝、挤压、受冲刷等情况，是否应及时组织检修。

（9）翼墙：是否开裂，前倾、变形等，如有应及时维修。

（10）锥坡：是否破损、沉陷、开裂、受冲刷、滑移等。

（11）照明：桥上照明情况是否正常，如有损坏应及时更换和维修。

（12）河床及调治结构物：河床是否变迁；有无漂浮物堵塞河道；调治结构物是否发挥正常作用，有无损坏、水毁等。

校核桥梁基本数据（桥梁基本状况卡片），填写《桥梁定期检测数据表》（表 2-2），记录各部件缺损状况并做出技术状况评分，对难以判断损坏原因和程度的部件，可另进行专门检查测试。

表 2-2　桥梁定期检测数据表

（县级道路管理机构名称）

1. 线路编码		2. 线路名称		3. 桥位桩号	
4. 桥梁编码		5. 桥梁名称		6. 下穿通道名	
7. 桥长/m		8. 主跨结构		9. 最大跨径/m	
10. 管养单位		11. 建成年月		12. 上次大、中修日期	
13. 上次检查日期		14. 本次检查日期		15. 气候	

16. 部件号	17. 部件名称	18. 评分（0～5）	19. 特别检查	20. 维修范围	21. 维修方式	22. 维修时间	23. 费用/元
1	翼墙						
2	锥坡						
3	桥台及基础						
4	桥墩及基础						
5	地基						
6	支座						

续表

16. 部件号	17. 部件名称	18. 评分（0～5）	19. 特别检查	20. 维修范围	21. 维修方式	22. 维修时间	23. 费用/元
7	上部承重构件						
8	桥面铺装						
9	伸缩缝						
10	人行道						
11	栏杆、护栏						
12	照明、标志						
13	排水设施						
14	调治构造物						
15	其他						

24. 总体状况评定等级		25. 全桥清洁状况评分		26. 保养、小修状况评分	
27. 经常性养护建议：					
28. 记录人		29. 负责人		30. 下次检查时间	
31. 缺损说明：					

在对桥梁工程的定期检测中发现的四类以上的破坏，新发现的三类以上的破坏以及难以判明损坏原因和程度的病害，都要做出附属说明，并且附上照片。桥梁定期检测附录说明表见表 2-3。

表 2-3　桥梁定期检测附录说明表

部件号	部件名称	缺损位置	缺损状况（类型、性质、范围、程度）	照片
1	翼墙、耳墙			
2	锥坡、护坡			
3	桥台及基础			
4	桥墩及基础			

续表

部件号	部件名称	缺损位置	缺损状况（类型、性质、范围、程度）	照片
5	地基			
6	支座			
7	上部主要承重构件			
8	上部一般承重构件			
9	桥面铺装			
10	桥头跳车			
11	伸缩缝			
12	人行道			
13	栏杆、护栏			
14	照明、标志			
15	排水设施			
16	调治构造物			
17	其他			

5. 定期检测的设备

桥梁定期检测人员应配备的设备，见表 2-4。除附加设备可根据需要就地就近临时租用外，其余是检查组应常备的基本设备。检查组应配备一辆厢式小货车（车顶能装载伸缩梯）作为检查人员专用车。

表 2-4　桥梁定期检测设备表

安全、保护用品	检测仪具	器材	附加设备
警告标志	照相机	电筒	软梯
警告信号灯	长焦镜头	扁刮刀	伸缩梯
反光背心	广角镜头	地质锤	充气皮艇
安全帽	闪光灯	地铲	工作船

续表

安全、保护用品	检测仪具	器材	附加设备
安全带	望远镜	铁锹	拼装式悬挂作业架
工作服	刻度放大镜	钢丝刷	桥梁专用检查作业架
防滑鞋	地质罗盘	油漆刷	专用检查作业车
雨靴	100m 钢卷尺	特种铅笔	
水裤	3～5m 钢卷尺	喷雾筒漆	
救生衣	1～2m 木折尺	彩色粉笔	
救生索	30～50m 皮尺	器具箱	
防护眼镜	垂球测绳	工具袋	
其他劳保用品	测量花杆	文件包	
	水准仪及塔尺	其他工具	
	水平尺		
	量角器		
	测量记录本		
	记录文件夹		

6. 检测计划与准备

负责检测的工程师应根据管辖区内登记的桥梁基本数据（桥梁基本状况卡片），制定出年度桥梁检查实施计划。内容包括：按巡检路线需要检测的桥梁清单，实施进度，需临时租用的检测用车、船或工作架等辅助设备和预算费用等。

检测人员必须事先准备和携带下列文件：桥梁检测清单；桥梁基本数据表；新建桥梁应根据技术档案事前登记好基本数据表，最近经过专门检验或维修（大、中修）加固改善的桥梁，其内容必须事先登记在基本数据表内；桥梁定期检测数据表，包括本次使用的和上次记录的检测数据记录表。本次使用的表格应事先将表头的基本数据填好。

7. 定期检测要点

（1）桥跨结构：首先观察有无异常变形、声音、振（摆）动，如上部结构竖向曲线是否平顺，拱轴线变位状况，桥跨有无异常的竖向振动或横向振动等。然后检查各部件的技术状况，查找异常原因。

（2）墩台与基础。墩台与基础有无滑动、倾斜、下沉或冻拔；台背填土有无沉降、裂缝或挤压隆起；混凝土墩台及帽梁有无冻胀、风化、腐蚀、开裂、剥落、露筋等，空心墩的水下通水洞是否堵塞；石砌墩台有无砌块断裂、通缝脱开、变形，砌体泄水孔是否堵塞，防水层是否损坏。

墩台顶面是否清洁，有无泥土杂物堆积、滋生草木，伸缩缝处是否漏水。基础下是否发生不许可的冲刷或掏空现象。扩大基础的地基有无侵蚀；桩基顶段在水位涨落、干湿交替变化处有无冲刷磨损、颈缩、露筋，有无环状冻裂，是否受到污水、咸水或生物的腐蚀。必要时对大桥、特大桥的深水基础进行潜水检查。

（3）支座主要检查功能是否正常，组件是否完好、清洁，有无断裂、错位和脱空现象，连接部件有无松动、局部破损。各种支座的检查，应包括下列内容：

① 简易支座的油毡是否老化、破裂或失效。

② 钢板滑动支座、弧形支座和组合式钢支座是否干涩、锈蚀，固定支座的锚栓是否紧固，销板或销钉是否完好。

③ 摆柱式支座各组件对应位置是否准确，受力是否均匀。钢筋混凝土摆柱式支座的柱体有无混凝土脱皮、开裂、露筋，钢筋及钢板有无锈蚀。

④ 四氟板式支座是否脏污、老化，四氟乙烯板是否完好，橡胶块是否滑出钢板。

⑤ 橡胶支座是否老化、开裂，有无异常的剪切变形或压缩变形，各夹层钢板之间的橡胶层外凸是否均匀，有无钢板外露现象。

⑥ 盆式橡胶支座的固定螺栓有否剪断，螺母是否松动，钢盆外露部分是否锈蚀，防尘罩是否完好。

⑦ 辊轴支座的辊轴是否出现不允许的爬动、歪斜。

⑧ 摇轴支座的辊轴是否倾斜。

⑨ 活动支座是否灵活，实际位移量是否正常，固定支座的锚销是否完好。

⑩ 支承垫石是否开裂、破碎。

（4）钢筋混凝土和预应力混凝土桥跨结构需检查下列内容：

① 混凝土有无裂缝、渗水、表面风化、剥落、露筋和钢筋锈蚀。有无碱集料反应引起的整体龟裂、层离或剥落现象。

② 预应力钢筋束锚固区段混凝土有无开裂，沿预应力筋的混凝土表面有无纵向裂缝。

③ 梁（板）式结构主要检查梁（板）跨中、支点、变截面处、悬臂端牛腿或中间铰部位，钢结构和桁架结构主要检查钢结构固结处和桁架节点部位混凝土是否开裂、缺损，有无钢筋锈蚀迹象等。

④ 装配式桥梁应注意联结部位的缺损状况。如组合梁的桥面板与梁的结合部位，以及桥面板之间的接头处混凝土有无开裂、渗水；梁（板）接缝混凝土有无开裂、渗水；横向联结构件是否开裂，联结钢板的焊缝有无锈蚀、断裂，边梁是否有横移或向外倾斜等。

⑤ 梁端头、底面是否损坏，箱梁、空心板梁内有无积水，箱梁通风情况是否良好。

（5）拱式桥主要检查下列内容：

① 主拱券的拱板、拱肋是否开裂；钢筋混凝土拱券有无露筋、钢筋锈蚀；圬工拱式桥砌块有无断裂、压碎、局部掉块或脱落，砌缝有无脱离或脱落、渗水，表面有无苔藓、草木生长，拱铰工作是否正常；空腹拱的小拱是否变形、开裂、错位，立墙或立柱有无倾斜、开裂。

② 拱上立柱（或立墙）上下墙、盖梁和横系梁的混凝土有无开裂、剥落、露筋和锈蚀；中、下承式拱桥的吊杆上下锚固区的混凝土有无开裂、渗水，吊杆锚头附近是否有锈蚀现象，外罩是否有裂纹，锚头夹片、X块是否发生滑移，吊杆钢索有无断丝；采用型钢或钢管混凝土芯的劲性骨架拱式桥，应注意检查混凝土表面是否沿骨架出现纵向或横向裂缝。

③ 拱的侧墙与主拱券间有无脱落，侧墙有无鼓凸变形、开裂，实腹拱拱上填料有无沉陷；肋拱桥的肋间横向联系是否开裂、表面剥落、钢筋外露和锈蚀等。

④ 双曲拱式桥拱肋间横向联结拉杆是否松动或断裂，拱波与拱肋接合处是否脱裂，拱波之间砂浆有否松散、脱落，拱波顶是否开裂、渗水等。

⑤ 薄壳拱式桥壳体是否出现纵、横向及斜向裂缝；系杆拱的混凝土系杆是否开裂，无混凝土包裹的系杆是否锈蚀、松弛等；钢管混凝土拱式桥拱座是否开裂，管内混凝土是否充填密实（可用敲击法检查）。

（6）钢桥应检查下列内容：

① 构件（特别的受压构件）是否扭曲变形、局部损伤。

② 铆钉和螺栓有无松动、脱落或断裂，节点是否滑动、错裂。

③ 焊缝及其边缘（热影响区）有无裂纹或脱开。

④ 油漆层有无裂纹、起皮、脱落，构件是否腐蚀生锈。

⑤ 钢箱梁箱内湿度是否符合要求，除湿设施是否工作正常。

（7）悬索桥和斜拉桥应检查下列内容：

① 检查索塔高程、塔柱倾斜度、桥面高程及梁体纵向位移，注意是否有异常变位。

② 检测索体的振动频率、索力有无异常变化，索体振动频率检测应在多种典型气候下进行。检测周期不宜超过 6 年。

③ 主梁按相应的预应力混凝土或钢结构的要求进行检查。

④ 悬索桥锚锭及锚杆有无异常的拔动滑移，锚头、锚杆有无锈蚀、破损，锚室（锚洞）和锚锭混凝土有无开裂、渗水，温、湿度是否符合要求。

⑤ 主缆、吊杆及斜拉索的表面封闭、防护是否完好，有无开裂、老化、鼓肚、变形和漏水等现象，必要时可剥开防护套检查索内干湿和钢索锈蚀情况。应注意吊杆、斜拉索的两端锚固部位，包括索端及锚头、锚固构造，是否渗水、锈蚀、开裂和松动，必要时可打开锚具后盖抽查锚杯内是否有潮湿、积水，防锈油是否结块、失效。主缆索夹紧固螺栓有否松弛和锈死，索夹是否出现移位、破损等。

⑥ 悬索桥的索鞍是否正常工作，有无异常的错位、卡死、辊轴歪斜，是否有锈蚀、破损等现象。主缆索跨过索鞍部分是否有挤偏现象。

⑦ 注意检查索端出索处钢护筒、钢管与索套管连接处的情况。检查钢护筒是否松动、脱落、锈蚀、渗水，抽查连接处钢护筒防水垫圈是否老化失效，筒内是否潮湿、积水。

⑧ 索塔的爬梯、检查门、工作电梯是否安全可靠，塔内的照明系统是否完好等。

(8) 木桥木构件有无腐朽、顺纹胀裂和磨损，各部分结合点、榫头和支承处是否松动，螺栓、铁箍、垫圈和铁钉等连接固件是否松动、脱落、缺件或锈死。

(9) 通道、跨线桥与高架桥检查同其他一般桥梁。对通道，应检查通道内有无积水，排水系统是否畅通；对跨线桥、高架桥，应检查防抛网、隔音墙是否完好。通道、跨线桥和高架桥下的道面是否完好，有无非法占用情况和火灾隐患等。

(10) 翼墙、侧墙、耳墙是否发生开裂、倾斜、滑移、沉陷等降低或丧失挡土能力的状况。锥坡、护坡是否有受冲刷、滑坍、沉陷等造成坡顶高度显著下降现象。土质锥形护坡表面覆盖草皮是否损坏，有无沟槽和坍塌现象。铺砌面是否开裂，有无勾缝砂浆脱落、隆起或下陷、灌木杂草丛生和下滑，坡脚是否损坏。埋置式桥台台前溜坡基础埋置深度是否足够，有无冲刷损坏。

(11) 桥面系应检查下列内容：

① 桥面铺装层纵、横坡是否顺适，有无严重的裂缝（龟裂、纵横裂缝）、坑槽、波浪、桥头跳车、防水层漏水。

② 伸缩缝是否有异常变形、破损、脱落、漏水，是否造成明显的跳车。

③ 人行道构件、栏杆、护栏有无撞坏、断裂、错位、缺件、剥落、锈蚀等。

④ 桥面排水是否畅通，泄水管是否完好、畅通；桥头排水沟功能是否完好，土质锥坡有无冲蚀、塌陷。

⑤ 桥上交通信号、标志、标线、照明设施是否损坏、老化、失效，是否需要更换；避雷装置、航空灯、照明灯及结构物内供检查养护用的照明系统是否完好、有效；路用通信、供电线路及设备是否完好等。

⑥ 调治构造物是否适用，有无水毁、损坏，河床是否变迁，有无漂流堵塞现象；是否需要改善或增设调治构造物。

2.3　特殊检测

（1）特殊检测应由专业人员采用专门技术手段，并辅以现场和试验室测试等特殊手段进行详细检测和综合分析，检测结果应提交书面报告。

（2）城市桥梁在下列情况下应进行特殊检测：

① 城市桥梁遭受洪水冲刷、流冰、漂流物、船舶或车辆撞击、滑坡、地震、风灾、火灾、化学剂腐蚀、车辆荷载超过桥梁限载的车辆通过等特殊灾害造成结构损伤；

② 城市桥梁定期检测中难以判明安全的桥梁；

③ 为提高或达到设计承载等级而需进行修复加固、改建、扩建的城市桥梁；

④ 超过设计使用年限，需延长使用的城市桥梁；

⑤ 常规定期检测中桥梁技术状况评定时，Ⅰ类养护的城市桥梁被评定为不合格级的桥梁，Ⅱ类～Ⅴ类养护的城市桥梁被评定为 D 级或 E 级的桥梁；

⑥ 常规定期检测发现加速退化的桥梁构件需补充检测的城市桥梁。

（3）实施特殊检测前，检测单位应收集下列资料：

① 竣工资料；

② 识别和鉴定桥梁结构的主要材料以及它们的强度；

③ 特殊检测的原因，影响桥梁承载能力的因素；

④ 历次桥梁定期检测和特殊检测报告；

⑤ 历次维修资料；

⑥ 交通量统计资料。

（4）城市桥梁特殊检测应包含下列内容：

① 结构材料缺损状况诊断；

② 结构整体性能、功能状况评估。

（5）结构材料缺损状况的诊断，宜根据缺损的类型、位置和检测的要求，选择表面测量、无损检测技术和局部取试样等方法。试样宜在有代表性构件的次要部位获取。检测和评估应按相应的试验标准进行。

（6）结构整体性能、功能状况评估应根据诊断的构件材料质量状况及其在结构中的实际功能，用计算分析评估结构承载能力，当计算分析评估不满足或难以确定时，应用静力荷载方法鉴定结构承载能力，采用动力荷载方法测定结构力学性能参数和振动参数。结构计算、荷载试验和评估应符合国家现行有关标准的规定。

（7）特殊检测报告应包括下列主要内容：

① 概述、桥梁基本情况、检测组织、时间背景和工作过程；

② 描述目前桥梁技术状况、试验与检测项目及方法、检测数据与分析结果、桥梁技术状况评价；

③ 阐述检测部位的损坏原因及程度，评定桥梁继续使用的安全性；

④ 提出结构及局部构件的维修、加固或改造的建议方案，提出维护管理措施。

（8）对特殊检测结果不满足要求的城市桥梁，在维修加固之前，应采取限载、限速或封闭交通的措施，并应继续监测结构变化。

2.4　沉降观测

1. 观测所需设备

水准仪器 1 套（水准尺使用受环境及温差变化影响小的高精度铝合金水准尺；水准仪的精度不低于 DS3，我们选用国产 ALR32A 型水准仪）；沉降观测用工程皮卡车 1 辆。

2. 观测要求

（1）观测点的设置：沉降观测点应埋设在最能反映构造物沉降特征且便于观测的位置，且相邻点间距以 15～30m 为宜。如构造物四角、沉降缝两侧、荷载有变化的部位。

（2）做到沉降观测的“五定”：沉降观测依据的基准点、工作基点和被观测物上的沉降观测点，点位稳定；所用仪器、设备稳定；观测人员稳定；观测时的环境条件基本上要一致；观测路线、镜位、程序和方法要固定。水准点是对各观测点沉降的基准点，一定要选定相对固定的、稳定的其他建筑物等适当部位。在控制点与沉降观测点之间建立固定的观测路线，并在架设仪器站点与转点处做好标记桩，保证各次观测均沿统一路线。

（3）埋入构造体的观测点：材料采用直径不小于 12mm 的圆钢，一般埋入深度不小于 12mm，钢筋外端要有 90°弯钩并稍离墙体，以便于置尺测量。

（4）沉降观测的记录应采用统一表格：观测的数据必须经过严格核对无误，方可记录，不得任意更改。当各观测点第一次观测时，标高相同时要如实填写，其沉降量为零。以后每次的沉降量为本次标高与前次标高之差，累计沉降量则为各观测点本次标高与第一次标高之差。

（5）沉降观测成果的整理记录：每次观测结束后，应检查记录的数据和计算是否正确，精度是否合格，然后调整高差闭合差，推算出各沉降观测点的高程，并填入“沉降观测表”。

① 计算各沉降观测点本次沉降量：沉降观测点的本次沉降量＝本次观测所得的高程－上次观测所得的高程。

② 计算累积沉降量：累积沉降量＝本次沉降量＋上次累积沉降量。

将计算出的沉降观测点本次沉降量、累积沉降量等记入“沉降观测表”。

3. 观测注意事项

（1）测量作业时必须穿着反光背心，必要时需佩戴安全帽。

（2）出发前须检查测量所需仪器设备，如水准仪、50m卷尺、标杆尺、油漆、标记笔、三角架、测量表格等。

（3）测量前一天必须了解次日天气情况是否适合测量（注：晴朗、光线好的天气最为适合）。

（4）外出测量前需认真检查测量仪器是否完好无误，并定时对仪器进行保养、维修。

2.5 线型检测

桥梁设施养护管理的检查和监测项目为沉降观测，以此作为判断设施结构安全的主要技术手段。但沉降观测需用仪器设备较多，测量数据需经内业整理分析，工作周期相对较长。根据桥梁设施的结构特点，选择若干其位移能敏感反映结构异常的部位，定期用简易量具测量其位移变化，可迅速判断设施结构的异常情况。根据桥梁设施特点，拟对关键部位作相对位移监测。

2.6　裂缝检测

裂缝是桥梁缺陷的集中表现，也是桥梁中最常见的病害。大量的工程实践和理论分析表明，钢筋混凝土构件基本上都是带裂缝工作的。在桥梁结构中，当受拉区的应力超过钢筋混凝土的实际抗拉强度，必然会出现裂缝。只是一般情况下裂缝宽度在限定值以内，大气中的水分一般难以大量渗透到钢筋上，因而钢筋不会遭到严重锈蚀，结构的耐久性也不会因此而受到明显影响。当裂缝宽度超过限定值时，应进行修补，以保证结构的耐久性。

在预应力混凝土梁中，由于钢丝的直径比钢筋小得多，因而锈蚀对钢丝的影响比钢筋严重得多。因此预应力混凝土梁对裂缝控制要求更加严格。

1. 梁式桥的常见裂缝

（1）梁（板）受拉区的竖向裂缝。简支梁（板）的竖向裂缝，是由正弯矩引起的，一般在梁（板）的跨中附近，从梁（板）的受拉区边缘，大致与主筋垂直的方向向上延伸。裂缝宽度一般为 0.03～0.2mm，裂缝之间的最小间距为 0.05～0.2m。

对于连续梁，除了跨中附近自下而上的竖向裂缝外，中间支点附近会出现自上而下的由负弯矩引起的竖向裂缝。

上述裂缝在钢筋混凝土梁式桥中是不可避免的。一般认为，只要这类裂缝在梁（板）侧面的延伸长度达不到计算截面的中性轴，而其最大宽度又在0.2mm的范围内，当属正常裂缝。正弯矩裂缝，一般可不进行处理；但对负弯矩裂缝，因易受雨水的影响，即使裂缝宽度小于0.2mm，亦应采取防水处理，避免因雨水侵蚀而加速钢筋锈蚀。

（2）斜裂缝。

① 由主拉应力引起的梁腹板上的斜裂缝。这种裂缝多发生在梁支点附近的腹板上，主要是由主拉应力过大而产生。裂缝一般从端横隔板内侧开始，沿45°～60°的斜线向上攀升。裂缝的宽度是两头小而中间大，在到达梁的上下缘之前就消失了。

② 由于斜截面抗弯能力较弱引起的斜裂缝（弯剪斜裂缝）。弯剪斜裂缝与主拉应力产生的斜裂缝有着明显不同，而与由梁中正弯矩产生的竖向裂缝相似，由梁底向腹板延伸。弯剪斜裂缝的宽度是下面大而上面小。

（3）钢筋锈蚀引起的顺筋裂缝。由于混凝土质量较差或保护层厚度不足，二氧化碳侵蚀碳化至钢筋表面，使钢筋周围混凝土碱度降低，或由于氯化物侵入，钢筋周围氯离子含量较高，均可引起钢筋表面氧化膜破坏，钢筋中铁离子与侵入岩土中的氧气和水分发生腐蚀反应，其锈蚀物氢氧化铁体积比原来增长2～4倍，导致保护层混凝土开裂，沿钢筋纵向产生裂缝，其最大延伸长度可达到梁跨度一半，裂缝宽度可达4mm，危害极大。

（4）梁式桥的其他裂缝。

① 梁腹板侧面上的网状裂缝。这类裂缝宽度一般很小，在梁腹板表面上分布，常常像一片断网，没有一定的规律。它是由梁体混凝土内外收缩不均匀而引起的，是非荷载作用下产

生的裂缝。

② 梁腹板侧面上的竖向裂缝。这类裂缝多发生在腹板较薄的地方。一般在跨中部分裂缝宽度较大，最大宽度为 0.15～0.3mm。在荷载作用下，裂缝向上下两端延伸，但一般只能延伸到上下翼缘处。一般是梁的跨度较大，梁肋较薄，分布钢筋较稀，在温度和收缩影响下产生这种裂缝。

③ 应力集中引起的裂缝。在断面突变处，由于应力集中而容易产生裂缝，如挖空横隔板的角隅处、牛腿的角点、预应力钢束的锚头附近。

2. 结构裂缝检测

（1）检查内容。

桥梁上部结构的板/梁底、下部结构的墩台及立柱位置。

（2）检查方法与设备。桥梁结构表面裂缝检测主要从裂缝的分布部位、走向、长度、宽度、深度等几个方面来进行。用卷尺量测裂缝的起止点、转折点位置得到裂缝的长度、走向，绘制裂缝展示图。选择不同类型裂缝中的 1～2 条典型裂缝，在最大缝宽处进行长度、宽度、检查日期等标识处理。

采用 ZBL-F800 型裂缝综合测试仪量测裂缝的宽度和深度，并辅以图片详细记录。ZBL-F800 型裂缝综合测试仪外观如图 2-2所示。

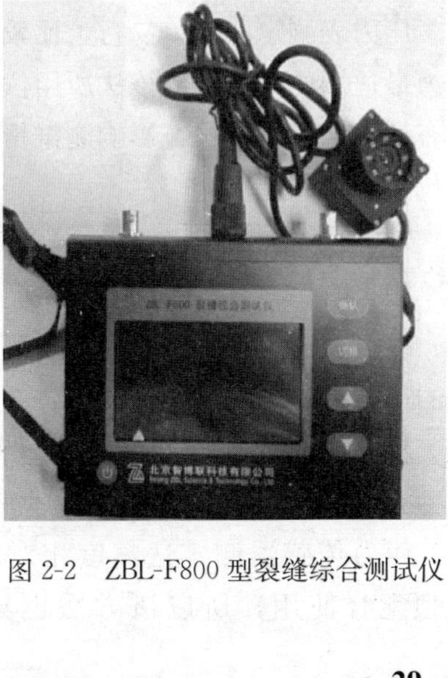

图 2-2　ZBL-F800 型裂缝综合测试仪

2.7 索力检测

拉索是桥梁的一个重要组成部分，拉索的工作状态是桥梁是否处于正常状态的主要决定因素，所以，能否对拉索索力进行精确的测量，在很大程度上决定着桥梁施工和运营的成败。桥梁索力的测试方法很多，目前常用的有以下几种。

1. 压力表测定法

目前，斜拉索均使用液压千斤顶张拉。该方法的原理就是根据千斤顶张拉油缸中的液压推算千斤顶的张拉力，并认为千斤顶的张拉力等于拉索索力。所以，只要通过精密压力表或液压传感器测定油缸的液压，就可求得索力。通常使用0.3～0.5级的精密压力表，并应事先对液压系统进行标定，测得索力的精度可达到1%～2%。

压力表测定法简单易行，比较直观、可靠，是施工中控制索力最适用的方法。但该法所用仪器较笨重，移动不便，且经常有油不回零的情况，影响测试精度，且不适用于已张拉好的斜拉索索力测定。

2. 压力传感器测定法

张拉时，在张拉连杆上粘贴应变片或利用穿心式压力传感器，也可在锚头和锚座之间安装测力传感器，进而通过两次仪表的读数得到千斤顶的张拉力。选择恰当的传感器除可以满足施工控制监测要求外，还可用于桥梁使用过程中的索力测量。这种方法精度可达0.5%～1.0%。

压力传感器测定法精度相对较高，但传感器必须与千斤顶配合使用，所以该方法也只限于施工阶段的索力测试。另外，压力传感器售价相当昂贵，只能在特定场合下使用。

3. 磁通量法

用磁通量法测定斜拉桥的索力，在国外应用较多，多座实际桥梁结构的安全检测结果表明效果很好，但我国斜拉桥上采用此法的实例还很少，技术也不够成熟。

磁通量法是利用放置在索中的小型电磁传感器，测定磁通量变化，根据索力、温度与磁通量变化的关系，推算索力。该法所使用的关键仪器是电磁传感器（E-M 传感器），这种传感器由两层线圈组成，除磁化拉索外，它不会影响拉索的力学及物理特性。对任一种铁磁材料，在实验室进行几组应力、温度下的试验，建立磁通量变化与结构应力、温度的关系后，即可用来测定由该种材料制造的拉索的索力。

铁磁材料磁通量密度 B 与有效磁场 H 的关系为：

$$B=\mu \cdot H \tag{2-1}$$

式中，H 为有效磁场，$H=H_{外加}+H_{内部}(M)$，$H_{内部}(M)$ 为磁化程度 M 的函数；B 为磁通量密度；μ 为磁通量渗透系数，是应力 σ、温度 T、有效磁场 H 的函数。

材料中的应力变化时，磁滞曲线也发生变化。测定磁通量渗透系数 μ 就可推算出拉索的应力。

4. 频率法

频率法是依据索力与索的振动频率之间存在对应关系的特点，在已知索长度、两端约束情况、分布质量等参数时，将高灵敏度的拾振器绑在斜拉索上，拾取拉索在环境振动激励下的振动信号，经过滤波、信号放大、A/D 转换和频谱分析即可测出斜拉索的自振频率，进而由索力与拉索自振频率之间的关系获得索力。这是一种测量桥梁索力的间接方法。现有仪器及分析手段下，测定频率精度可达到0.005Hz。

对于张紧的斜拉索，当其垂度的影响忽略不计时，在其无阻尼时的自由振动微分方程为：

$$EI\frac{\partial^4 y}{\partial x^4}-F\frac{\partial^2 y}{\partial x^2}+m\frac{\partial^2 y}{\partial x^2}=0 \tag{2-2}$$

式中，x 为沿索向的坐标；y（x，t）为斜拉索在 t 时刻垂直于索向的挠度；EI 为索的抗弯刚度；F 为索的内拉力，假定沿索均匀分布，并不随时间而变化；m 为索单位长度的质量。

假定索的两端为铰支，则该微分方程的解为：

$$F=4ml^2\left(\frac{f_n}{n}\right)^2-\frac{n^2EI\pi^2}{l^2} \tag{2-3}$$

式中，n 为索自振频率的阶数（即拉索长度内的半波个数）；f_n 为索的第 n 阶自振频率（s^{-1}）；l 为拉索的自由或挠曲长度。

由式（2-3）可得：

$$f_n=n\sqrt{\frac{F}{4ml^2}+\frac{n^2EI\pi^2}{4ml^4}} \tag{2-4}$$

这样，在频域里，斜拉索的频谱就是一个个间距逐渐加大的谱线。

而根据索长而细的结构特征（长度一般都是其直径的500倍以上），索的抗弯刚度与索长的平方相比很小。那么，在阶次 n 不太大的情况下，根号内的第二项比第一项要小得多，对频率的影响很小，所以谱线接近等间距。大多数情况下，可以忽略不计，则（2-4）式简化为：

$$f_n=n\sqrt{\frac{F}{4ml^2}}=nf_1 \tag{2-5}$$

式中，f_1 为斜拉索自由振动的第一自振频率，频谱图从而完全成为等间距的谱线。

由谱线图可以准确地判断出哪些谱线是索的自振频率 f_n 及其自振频率的阶数 n，再进一步求得索力。

用频率法进行索力测试，具有快速、方便、实用、可重复测试的特点，精确度较高（测试精度可以达到万分之一）。但频率法所确定的索力精度在很大程度上取决于索本身参数的可靠性（诸如索的弯曲刚度、索的计算长度、索的线密度等），各参数的偏差会影响到索力计算的精度。另外，拉索的斜度、垂度及边界条件等因素也有相应的影响。综合考虑拉索斜度、垂度、弯曲刚度影响的拉索索力测试方法，提高了索力测试的精度，使得频率法在实际工程中得到更为有效的应用。

压力表测定法和压力传感器测定法一般仅适用于正在张拉的斜拉索的索力测定，很难用于对已张拉斜拉索的索力进行测试。磁通量法是测定斜拉桥索力的非破坏性方法，可以用于已张拉斜拉索的索力测试，但我国当前无论在技术上，还是经验上都很不完善。因此，当需要对已施工完毕的斜拉索进行索力复测时，频率法几乎是唯一的选择。

2.8　桥梁结构评估方法

根据《城市桥梁养护技术标准》（CJJ 99—2017）的相关规定对桥梁技术状况进行评定。Ⅱ类～Ⅴ类养护的城市桥梁技术状况的评估包括桥面系、上部结构、下部结构和全桥评估。应采用先构件后部位再综合及与单项直接控制指标相结合的办法评估。Ⅱ类～Ⅴ类养护的城市桥梁，应以桥梁状况指数 *BCI* 确定桥梁技术状况；应以桥梁结构状况指数 *BSI* 确定桥梁不同组成部位的结构状况。应根据桥梁定期检测记录，按分层加权法对桥面系、上部结构、下部结构按《城市桥梁养护技术标准》（CJJ 99—2017）附录 D 的评分等级、扣分表进行评估，再综合得出整座桥梁技术状况的评估。

桥面系的技术状况应采用桥面系状况指数 BCI_m 表示；桥面系的结构状况应采用桥面系结构指数 BSI_m 表示。根据桥面铺装、桥头平顺、伸缩装置、排水系统、人行道和栏杆等要素的损坏扣分值，计算 BCI_m 和 BSI_m。

桥梁上部结构技术状况的评估应逐跨进行，然后再计算整座桥梁上部结构的技术状况指数 BCI_s。桥梁上部结构的结构状况应采用上部结构的结构状况指数 BSI_s 表示。根据上部结构各构件的损坏扣分值，计算 BCI_s 和 BSI_s。

桥梁下部结构技术状况的评估应逐墩（台）进行，然后再计算整座桥梁下部结构的技术状况指数 BCI_x；桥梁下部结构的结构状况采用下部结构的结构状况指数 BSI_x 表示。根据下部结构各构件的损坏扣分值，计算 BCI_x 和 BSI_x。

整个桥梁的技术状况指数 BCI 根据桥面系、上部结构和下部结构的技术状况指数，按照《城市桥梁养护技术标准》（CJJ 99—2017）的 BCI 公式计算。

$$BCI = BCI_m \cdot \omega_m + BCI_s \cdot \omega_s + BCI_x \cdot \omega_x \tag{2-6}$$

式中，ω_m、ω_s、ω_x 分别为桥面系、上部结构和下部结构的权重。

城市桥梁技术状况应根据完好状态、结构状况等级综合评定。针对不同养护类别，其完好状态、结构状况等级划分及养护要求应符合下列规定：

1. Ⅰ类养护的城市桥梁完好状态宜分为两个等级：

合格级——桥梁结构完好或结构构件有损伤，但不影响桥梁安全，应进行保养小修。

不合格级——桥梁结构构件损伤，影响结构安全，应立即修复。

2. Ⅱ类～Ⅴ类养护的城市桥梁完好状态宜分为五个等级：

A 级——完好状态，BCI∈［90，100］，应进行日常保养。

B 级——良好状态，BCI∈［80，90］，应进行保养小修。

C 级——合格状态，BCI∈［66，80］，应进行针对性小修或中修工程。

D 级——不合格状态，BCI∈［50，66］，应检测评估后进行中修、大修或加固工程。

E 级——危险状态，BCI∈［0，50］，应检测评估后进行大修、加固或改扩建工程。

3. Ⅱ类～Ⅴ类养护的城市桥梁结构状况分为五个等级：

A 级——完好状态，BSI∈［90，100］，应进行日常保养。

B 级——良好状态，BSI∈［80，90］，应进行保养小修。

C 级——合格状态，BSI∈［66，80］，应进行针对性小修或局部中修工程。

D 级——不合格状态，BSI∈［50，66］，应检测评估后进行局部中修、大修或加固工程。

E 级——危险状态，BSI∈［0，50］，应检测评估后进行大修、加固或改扩建工程。

第 3 章　日常养护维修

桥梁养护范围包括主体结构和附属设施。主体结构包括桥面系、上部结构、下部结构；附属设施包括声屏障设施、照明设施、标志设施等。应保持桥梁及其附属设施常年处于良好状态，桥面平整，结构安全，排水通畅，确保正常行车的安全、舒适、畅通和良好的服务水平。日常养护维修具体措施包括桥面系养护维修、上部结构养护维修、支座养护维修、大部结构养护维修、附属设施养护维修等。

3.1　桥面系养护维修

3.1.1　沥青路面的养护维修

（1）沥青混凝土桥面的养护、病害处理和修补应按国家现行标准《城镇道路养护技术规范》（CJJ 36—2016）要求进行。沥青路面加强经常性、预防性保养小修，对局部的、轻微的初始破损及时进行修理。

（2）桥面铺装可能出现的病害包括：坑塘、拥包、龟裂、起砂、松散、车辙和纵、横向贯通裂缝等。发现铺装病害应立即查明原因，及时修理，对于无法判明的铺装层病因可提出特殊检测的要求。

（3）对桥面裂缝的维修：对于黑色路面纵、横向裂缝，先清扫干净缝隙，并用压缩机吹去尘土后，用热沥青或乳化沥青灌缝撒料法封堵。对宽度大于3mm的桥面裂缝，应检查其发生原因，在确定无结构破坏和延续发展的条件下，可进行灌缝处理。

（4）对麻面或松散的维修：对局部地段的麻面或松散，可清扫干净，铣刨后重新摊铺。

（5）对拥包的维修：拥包范围内用直尺画线成矩形（与中心线平行或垂直），用小型切割机切深4cm，再采用宽500mm铣刨机铣平。采用与原有结构层一样的沥青填补，并压实。

（6）对坑塘传统维修：测定破坏部分的范围和深度，用直尺画出矩形（与中心线平行或垂直），再凿到稳定部分，深度不小于3cm，坑壁要垂直。清除坑底后，在干净的坑底、坑壁薄洒一层黏结沥青，视坑塘深度，根据原路面结构层次填补混合料或沥青混凝土，然后压实。坑塘的修补要做到圆洞方补、浅洞深补、湿洞干补。如路面基层损坏，应针对损坏原因，先处理基层病害，再修复面层。

（7）对坑塘冷补维修：桥梁是城市交通的主动脉，对坑塘的修补必须及时。常备冷补沥青混凝土，确保在连续阴雨天、节假日沥青厂休假时补坑，当天发现当天修补。

（8）要确保材料质量，冷补料要有黏性不松散，热拌混合料外观应均匀，色泽一致，无明显油团、花白或烧枯，到现场温度不得低于110℃。

（9）压路机碾压顺序是从两边到路中，缓慢、匀速进行，时速不得大于5km。不得在碾压层上掉头、转向或突然刹车，大型压路机严禁振动碾压。

（10）碾压成型的沥青混凝土面层在冷却到常温后方可开

放交通，紧急情况如需提前开放的话，则应采取相关的技术措施。

(11) 对钢纤维混凝土铺装层维修：凿除碎裂部位，清理残留物，用空压机吹干净，适当湿润。

3.1.2 排水设施的养护维修

(1) 桥梁进水口都要进行清捞。进水口按每月三次频率清捞。对损坏、缺损的桥梁进水口须及时进行更换维修，采用与原设施性质相同的材料，进水口抹面要光洁。

(2) 立管按每两个月一次疏通。立管修复时要擦净管口，均匀涂刷胶水，管道接好之后，要经检查保证不渗水。管道安装抱箍要安放水平，螺栓要牢固。

(3) 立管集水斗要定期清捞，一般每季度一次，汛期中要加大清捞频率。

(4) 桥面泄水孔应完好、畅通、有效。

(5) 发现泄水管损坏应及时修补，损坏严重的应及时更换。

3.1.3 伸缩缝的养护维修

(1) 伸缩装置应每月保养一次，及时清除缝内的垃圾和杂物，使其平整、顺直、收缩自如，处于良好的工作状态。

(2) 橡胶止水带损坏后应及时更换，需满足原设计的规格和性能要求。

(3) 梳形板伸缩缝应经常检查紧固螺栓，防止梳齿板转动上翘，发现梳齿出现裂缝后，及时焊接修补。

(4) 发现伸缩缝钢构件锈蚀时，应采用喷防锈漆进行处理，并使用油脂或润滑剂涂抹表面。

（5）伸缩缝出现损坏而无法修复时，宜选用原型号伸缩缝产品进行整体更换。

（6）伸缩缝的预埋部分与混凝土结合完好，上部构件有局部损坏的，相应更换上部构件。

（7）伸缩缝预埋部分损坏，与混凝土结合已脱离，凿除部分损坏的与混凝土结合部位，重新焊接预埋件，再将预埋件与伸缩缝的主体钢焊接，浇筑C40钢纤维混凝土，必要时更换损坏的伸缩缝装置。

（8）当伸缩缝整体损坏，边缘混凝土碎裂，则采用整体更换的方法维修：用环氧砂浆预埋钢筋或种植钢筋、打膨胀螺栓，若旧桥面铺装层较薄，可将桥面凿开，并将锚筋直接焊接在桥面钢筋上，安装新伸缩缝构件，涂界面剂，灌筑钢筋混凝土。

3.1.4　附属设施养护维修

车辆对桥梁附属设施有着不可避免的轻微损坏，虽然不影响交通，但会有碍观瞻，故须做到及时修理。

（1）桥梁的中心隔离栏、防撞护栏、人行道护栏不得有断裂、松动、错位、缺件、剥落、锈蚀等损坏现象。

（2）经常性地检查栏杆的预埋钢板有无松动，连接螺栓有无丢失、锈蚀。

（3）桥面护栏应保持完好、顺直，无油漆剥落、根部松动、开裂、变形。

（4）人行道护栏每日擦洗一次，中心隔离栏每10日擦洗一次。

（5）栏杆的维修：对损坏的栏杆进行切除，修复栏杆要注意水平度和垂直度，控制好线性的顺直。焊接要求进行满焊，并进行油漆，如焊接底板松动时先处理底板。

(6) 固定中心隔离栏维修：发生小部分损坏时及时进行修理，首先要立模板并用界面剂对破损面进行界面处理后，才可用混凝土进行修复。

(7) 配电箱盖板维修：发现盖板掉落要及时复位，发生部分锈蚀时进行敲铲油漆，发生严重锈蚀时进行更换。

(8) 桥面上人行道铺装、盲道和缘石应完好、平整。当有缺损时，应及时维修或更换。

3.1.5 桥面防水层的养护维修

桥面卷材防水层的修补应符合下列规定：

(1) 损坏的防水层，应及时进行修补。防水层维修应按施工要求进行。

(2) 修补后的防水层，其防水性能、整体强度、与下层粘接强度和耐久性等指标应满足原设计要求。

防水混凝土结构层的维修应符合下列规定：

(1) 当防水混凝土表皮脱落或粉化轻微而整体强度未受影响，且防水混凝土层与下层连接牢固时，应彻底清除脱落表皮和粉化物。

(2) 当防水混凝土受到侵蚀，表皮严重粉化且强度降低或防水混凝土层与下层已脱离连接时，应完全清除该层结构重新进行浇筑。

(3) 清理表皮脱落层时，应清理至具有强度的表面完全露出。

(4) 清除损坏的结构层时，应切割出清理边界，然后再进行清除作业。清除应彻底，不得留隐患。应避免扰动其他完好部分。

（5）钢筋网结构的防水混凝土层进行清除作业时，应确保原钢筋结构的完整。

（6）在浇筑新混凝土前，作业面（包括边缘）应清洁、粗糙。

（7）选用的防水混凝土抗渗等级应高于P6，且不得低于原设计指标要求。在使用除雪剂的北方地区和酸雨多发地区，防水混凝土的耐腐蚀系数不应小于0.8。

（8）严禁使用普通配比混凝土替代防水混凝土。

3.2 上部结构养护维修

3.2.1 梁底板混凝土碳化及钢筋锈蚀维修

（1）清除损坏混凝土：凿除因锈蚀而损坏的混凝土，使钢筋全部露出；当混凝土易于清除时，钢筋周围2.5mm左右混凝土，可保留在下一步骤里清除。

（2）钢筋表面除锈：① 手工除锈。先用刮刀、手锤、钢刷等工具铲、敲、刷除去浮锈、尘土，然后再用钢丝刷、砂布、砂轮等刷、磨除去锈蚀并磨光。② 机械处理除锈。用风动刷、除锈枪或电动刷除锈后即对钢筋进行防锈处理。

（3）为提高新老混凝土之间的黏结力，可用丙酮清洗混凝土表面、钢筋，在处理表面上均匀涂上胶黏剂（或称界面剂）。

（4）浇筑新的混凝土：可采用普通混凝土、环氧混凝土或聚合物混凝土。

（5）表面处理：为防止混凝土表面产生中性化（碳化），而继续受损，对新浇筑混凝土进行表面处理，如涂上防水剂或涂料。

3.2.2 钢结构养护

(1) 钢结构养护要求。

① 钢结构梁的刚度、强度和稳定性应符合设计要求。运营中，应根据钢结构形式，加强对各部分连接节点及杆件、铆钉、销栓、焊缝的检查、养护。对承载能力或刚度低于限值、结构不良的钢结构，应进行维修或加固。

② 钢结构外观应保持清洁，冬期应及时清除冰雪。泄水孔应畅通，桥面铺装应无坑洼积水现象，渗漏部分应及时修好。当桥面积水时，应设置直径不小于50mm的泄水孔，钻孔前应对杆件强度进行验算。

③ 钢结构应每年进行一次保养，每年做一次检测。检测时如发现节点上的铆钉和螺栓松动或损坏脱落、焊缝开裂，应采用油漆标记并做记录。在同一个节点，缺少、损坏、松动和歪斜的铆钉超过1/10时，应进行调换。当焊接节点有脱缝，焊缝处有裂纹，应及时修补。对有裂纹及表面脱落的构件，应仔细观察其发展，做出明显的标记，注明日期，以备观察；必要时应补焊或更换。

④ 钢梁杆件伤损容许限度超过规定时，应及时进行整修、加固或更换。

⑤ 不良铆钉的容许限度超过规定时，应对不良铆钉进行更换。

(2) 钢梁有下列状态之一时，应及时维修：

① 桁腹杆铆接接头处裂缝长度超过50mm。

② 下承式横梁与纵梁加接处下端裂缝长度超过50mm。

③ 受拉翼缘焊接一端裂缝长度超过20mm。

④ 主梁、纵横梁受拉翼缘边裂缝长度超过5mm；焊缝处

裂缝长度超过10mm。

⑤ 纵梁上翼缘角钢裂缝。

⑥ 主桁节点和板拼接接头铆栓失效率大于10%。

⑦ 主桁构件、板梁结合铆钉松动连续5个及以上。

⑧ 纵横梁连接铆钉松动。

⑨ 纵梁受压翼缘、上承板梁主梁上翼缘板件断面削弱大于20%。

⑩ 箱梁焊缝开裂长度超过20mm。

(3) 新换钢梁或加固杆件的组拼应符合下列规定：

① 组拼板件应采用螺栓均匀拧紧，板件密贴，边缘用0.3mm插片深入长度不得大于20mm。

② 组拼杆件应在无活荷载情况下进行，并不应少于1/3的孔眼安装螺栓及冲钉，其中2/3为冲钉，1/3为螺栓。

③ 无活荷载情况下铆合时，应每隔2个钉孔装一个螺栓，螺栓间距不得超过400mm，必要时应每隔1个钉孔一个螺栓，每组孔眼应打入10%的冲钉。

④ 栓接梁使用的高强螺栓、螺母及垫圈应符合国家标准《钢结构用高强度大六角头螺栓》(GB/T 1228—2006)的规定，并应附有出厂合格证。

⑤ 在有活荷载情况下更换铆钉时，应拆除一个铆钉，同时上紧一个螺栓；必要时可使用不超过30%的冲钉。严禁使用锛斧和大锤铲除钉头。对结构承载力至关重要的构件在更换铆钉时，应禁止车辆通行。

(4) 高强螺栓的更换应符合下列规定：

① 高强螺栓的施工预拉力应符合设计要求，欠拧值或超拧值均不应超过规定值的10%，各种型号的高强螺栓的设计

预拉力值应符合规定。

② 高强螺栓的初拧值应根据试验确定，宜取终拧值的40%～70%，终拧方法可采用扭矩法或转角法。

③ 对大型节点，同时更换的数量不得超过该节点螺栓总数的10%，对螺栓少的节点应逐个更换。在一个连接处（或节点）少量更换的螺栓、螺母及垫圈的材质、规格、强度等级应与原桥上使用的相同，不得混用。

④ 高强螺栓拧紧后，节点板四周的缝隙应采用腻缝封闭。高强螺栓、螺母及垫圈的外露部分均应进行涂装防锈。

（5）对栓接梁、全焊梁，当在焊缝及附近钢材上发现裂缝时，可根据裂缝的位置、性质、大小及数量，采取下列相应措施：

① 在裂缝的尖端钻圆孔，孔径宜与钢板厚度相等，且不得超过32mm。

② 高强螺栓连接加固；加固前裂缝尖端处应钻孔。

③ 抽换杆件或换梁。

（6）钢梁涂装养护应采取下列措施：

① 针对不同钢结构项目，尽量使用与原有材质相同的油漆涂料进行养护。

② 用风动打磨机对钢梁表面进行除锈处理。

③ 钢材表面应无可见的油脂和污垢，没有附着不牢的氧化皮，底材显露部分的表面应具有金属光泽。

④ 清洁，去除油污。

⑤ 除锈后钢梁表面应清洁、干燥，雨后受潮要重新进行干燥处理。

⑥ 手工除锈无法铲除的部分，可采用高效脱漆剂，使其老化或比较严硬的漆膜发生软化，再以清除。

3.3　支座养护维修

3.3.1　桥梁支座定期检查和保养

桥梁支座应定期检查和保养，并应符合下列规定：

（1）球形支座滚动面不平整，轴承有裂纹、切口以及个别辊轴大小不合适时，必须予以更换。

（2）支点承压不均匀时，应进行调整。调整时可采用千斤顶把梁上部顶起，然后移动调整支座的位置。

（3）支座板翘起、扭曲、断裂时，应予更换或补充，焊缝开裂应予维修加固。

（4）如要抬高支座，可采用捣筑砂浆垫层、加入钢板垫层或预制钢筋混凝土块的办法。

（5）支座各部分应保持完整、清洁、有效，每年检查保养一次，冬期应及时清除积雪和冰块，梁跨活动应自由。

（6）滚动支座滚动面上应每年涂一层润滑油。在涂油之前，应先清洁滚动面。

（7）除钢辊和滚动面外，支座其余金属部分应定期保养，不得锈蚀。

（8）固定支座应每两年检查一次锚栓牢固程度，支承垫板应平整紧密，及时拧紧接合螺栓。

（9）板式橡胶支座恒荷载产生的剪切位移应在设计范围内；支座不得产生超过设计要求的压缩变形；支座橡胶保护层不应开裂、变硬、老化，支座各层加劲钢板之间的橡胶板外凸应均匀和正常；支承垫石顶面不应开裂、积水；进行清洁和修补工作时，应防止橡胶支座与油脂接触。

(10) 滚动盆式橡胶支座，固定螺栓不得有剪断损坏，应及时拧紧松动的螺母。

3.3.2 支座的缺陷故障维修

支座的缺陷故障，应及时维修或更换，并应符合下列规定：

(1) 滚动面不平整，轴承有裂纹、切口或个别辊轴大小不合适，应予更换。板式橡胶支座损坏、失效应及时更换。

(2) 梁支点承压不均匀，应进行调整。

(3) 支座座板翘曲、断裂，应予更换和补充，焊缝开裂应予维修。

(4) 对需抬高的支座，可根据抬高量的大小选用下列方法：

① 抬高量在 50mm 以内可垫入钢板；抬高量在 50～300mm 的垫入铸钢板；

② 就地灌注高强钢筋混凝土垫块，厚度不应小于 200mm。

(5) 滑移的支座应及时恢复原位；脱空支座应及时维修。

(6) 辊轴支座的实际纵向位移，应与计算的正常位移相符；当纵向位移大于容许偏差或有横向位移时，应加以修正。当辊轴出现不允许的爬动、歪斜或摇轴倾斜时，应校正支座的位置。

(7) 小跨径（板）桥油毡支座的油毡垫层损坏、掉落、老化，应予更换。

(8) 弧形钢板支座和摆柱式支座中的钢板不得生锈，钢筋混凝土摆柱不得脱皮露筋，固定锚销不得切断，滑动钢板不得位移，摆柱不得倾斜。对损伤和超过允许位移的支座钢板，应及时修理更换。

（9）球形支座应每年清除尘土、更换润滑油一次。支座地脚螺母不得剪断，橡胶密封圈不得龟裂、老化。支座相对位移应均匀，并记录位移量。支座高度变化不应超过3mm；应每两年对支座钢件（除不锈钢滑动面外）进行油漆防锈处理。

3.4 下部结构养护维修

当墩、台、柱由于混凝土温度收缩，施工质量不良及基础不均匀沉降等原因产生裂缝时，应视裂缝大小及损坏原因采取不同措施进行维修。

（1）裂缝宽度小于规定限值时，可凿槽并采用喷浆封闭裂缝方法。

（2）裂缝宽度大于规定限值时，可采用压力灌浆法灌注水泥砂浆、环氧砂浆等灌浆材料修补。

（3）支座失灵造成墩台拉裂，应修复或更换支座。

（4）台身发生纵向贯通裂缝，可用钢筋混凝土围带或粘贴钢板进行加固；如因基础不均匀下沉引起自下而上的裂缝，则应先加固基础，再采用灌缝或加筋方法进行维修。

（5）当混凝土表面发生侵蚀剥落、蜂窝麻面等病害时，应及时将周围凿毛，洗净后做表面防护。

（6）当混凝土表面部分严重风化和破坏时，应及时清除损坏部分后用与原结构相同的材料补砌，做到结合牢固，色泽和质地宜与原砌体一致。

（7）当表面风化剥落深度在30mm及以内时，应采用M10以上的水泥砂浆修补；当剥落深度超过30mm，且损坏面积较大时，应增设钢筋网浇筑混凝土层，浇筑混凝土前应清除松浮部分，用水冲洗，并采用锚钉连接。

(8) 墩台出现变形应查明原因，并采取针对性措施进行加固。

(9) 当墩台裂缝超过限值时，应查明原因，采取下列措施进行加固：

① 裂缝宽度小于规定限值时，应进行封闭处理；

② 裂缝宽度大于规定限值且小于 0.5mm 时，应灌浆；大于 0.5mm 时，应修补；

③ 当石砌圬工出现通缝和错缝时，应拆除部分石料，重新砌筑；

④ 当活动支座失灵造成墩台拉裂时，应修复或更换支座，并维修裂缝；

⑤ 对于基础不均匀沉降产生的自下而上的裂缝，应先加固基础，并应根据裂缝发展程度确定加固方法。

(10) 桥台发生水平位移和倾斜，超过设计允许变形时，应分析原因，确定加固方案。

(11) 桩或墩台的结构强度不足或桩柱有被碰撞或折断等损坏应查明原因，进行加固处理。

(12) 桥台锥坡及八字翼墙在洪水冲击或填土沉落的作用下容易产生变形和勾缝脱落。修复时应夯实填土，常水位以下应采用浆砌片（块）石，并勾缝。

3.5 附属设施养护维修

3.5.1 人行道破损养护

经常清除人行道范围内的杂物，对于不均匀沉降造成的局部裂缝，及时用水泥砂浆勾缝，对于损坏的部件及时更换。人行道由于不均匀沉降所造成的不平整，应及时进行维修。

3.5.2 隔离栏养护

定期对隔离栏进行检查，确保基础稳定、无损坏或锈蚀，及时补缺及更新，确保隔离栏完整和美观，并每年进行一次油漆养护。

3.6 养护技术措施

3.6.1 质量保证措施

根据《城市桥梁养护技术标准》（CJJ 99—2017）、《城镇道路养护技术规范》（CJJ 36—2016）、《涂覆涂料前钢材表面处理》（GB/T 8923.1～8923.4）等一系列标准中的养护技术标准，制定以下质量保证措施。

（1）沥青路面。修补路面做到圆洞方补、浅洞深补、湿洞干补。凿边要求四周修凿垂直不斜、基底保持干燥，浇筑厚度差在±5mm内，表面粗细均匀，无毛细裂缝，碾压紧密，无明显轮迹。平整度控制为人工摊铺高低差不大于5mm，机械摊铺不大于2mm，路框差控制为井框周围无沉陷，与路面高低差不得大于5mm，横坡与原路面横坡一致，不得有积水。

（2）伸缩缝。外型整齐、平整顺适，牢固完整，无破损，无漏水，行车无颠簸，伸缩变形应稳定，缝内无垃圾。

（3）混凝土结构。提高新老混凝土之间的黏结力，可用丙酮清洗混凝土表面、钢筋，在处理表面上均匀涂上胶黏剂。为防止混凝土表面中性化，对新浇混凝土进行表面处理，并涂上防水剂。

（4）钢结构。

① 全敲铲表面处理按要求除锈达到 St3 级以上；部分敲铲表面处理按要求除锈达到 St2 级以上。

② 涂刷底漆表干 2h，实干 24h，每道底漆涂刷最短间隔时间需保持 24h 左右。涂刷两遍面漆最短间隔时间控制在 12h 左右，油漆表面无流挂、无针孔、表面光滑。

（5）支座。定期对支座钢件进行油漆防锈，定期清除支座附近的杂物和灰尘，对智能型支座应观测、记录其滑移量，并判断其是否运行正常。

（6）排水设施。

① 高架快速路排水口要进行清捞。对损坏、缺损的进水口须进行更换维修，采用与原设施性质相同的材料，抹面要光洁、平整。

② 立管修复时要擦净连接管口，均匀涂刷胶水，管道接好之后，要经常检查，保证不渗水。管道安装抱箍要安放水平，螺栓要牢固。

3.6.2 进度保证措施

养护进度的保证措施主要是计划、控制和协调。根据养护单位的总目标编制“总体养护管理进度计划表”并根据动态控制原理对养护进度实施全面管理。

1. 建立进度控制的组织系统

长效管理小组负责落实各层次的进度控制人员（以现场施工员及班组长为主），落实具体任务和工作责任，并编制以全年计划为基础的日、周、月、季度的作业计划，明确每天的工作内容，检查、解决执行计划中存在的问题，确保当天计划当天完成。养护施工过程中严格按照计划作业，如出现不符的情况，及时分析原因，提出补救措施。

2. 加强各班组施工之间的协调工作

养护施工前应按总体计划做出详细的周或月作业计划，施工组统一管理，按照作业计划进行检查，若出现与计划进度偏离，及时进行调整，做好各部门之间的协调工作。

养护单位每月召开一次会议，检查落实养护实际进度情况，分析和预测可能影响进度的因素，制定预防措施。对机械、材料或外部条件等干扰养护进度的因素，及时在会议上提出，共同制定解决办法。各班组坚持召开每日下班前的碰头会及上岗前的安全会议，检查和落实当日完成的工作量，并将存在问题及时报告长效管理小组，把养护总体进度计划层层落实到班组和个人。

3. 加强安全和技术交底工作

经常对职工进行安全和质量方面的教育，不断提高职工质量意识和工作责任心，确保各养护工序的施工质量一次验评合格，避免返工并将不安全隐患消灭在萌芽状态，这是保证养护按计划实施的主要措施之一。同时加强对机械设备的维修保养，提高机械的完好率与利用率。

4. 努力协调好各方面的关系

主动与上级监管单位、交警部门等加强联系，争取各方支持，创造一个良好的养护施工环境，排除可能对施工进度造成影响的不利因素。

5. 科学、合理地组织平面流水养护施工交叉作业

根据各班组、各工种的具体作业计划，配置必要的设备，供给充足的材料，安排合理的劳动力，进行流水作业和交叉作业，避免因机械、材料和劳动力不足而影响养护进度。

6. 完善施工工艺，提高效率

在养护施工过程中不断完善施工工艺，合理组织施工，提高效率，令施工有节奏、均衡地进行，以加快施工进度。同时在实际操作中不断积累经验。

7. 坚持多点施工，平行作业

根据养护需要，可采取二班或三班同时养护施工，每班安排施工员对现场进行指挥与协调。

8. 认真做好月报工作

每月将完成的养护工作量和养护进度呈报监管单位，以便根据养护进度的实际情况进行分析和控制，使得养护进度的全过程始终处于循环、动态的控制中。

对于养护进度的保证，还应做到落实岗位责任制，建立激励制度，开展劳动竞赛，关心职工生活，搞好后勤服务，调动工作人员积极性，提高劳动生产率。

第 4 章　专项养护维修

4.1　吊杆、拉索的养护

4.1.1　吊杆、系杆检查维修

吊杆、系杆护套管破损，油脂阻隔层渗漏会使空气、水汽通过渗漏点进入外保护层（PE 套管、锚杯等）内部，侵蚀钢绞线，从而产生索力失效、断丝现象。

（1）吊杆与水平预应力索、锚杯等处的防锈油脂应每两年保养一次，并应注意防水，如发现防锈油脂渗漏，应尽快堵漏及补充。

（2）锚头的防护罩损坏应及时修补。

（3）柔性吊杆容易受到外力损坏，一旦出现 PE 套管损坏，立即采用玻璃纤维布或其他防护材料包扎。

（4）吊杆以及吊杆与横梁节点区防腐油脂不得泄漏、发酵，出现铁锈臭味，不得积水。

（5）吊杆拱桥的锚夹具应每季度检查一次，当发现松弛和锈蚀时，应及时维修。酷暑、严寒季节应加强检查和养护。

刚性系杆出现破损，则需采用与原材料相同的焊条进行对焊、抛光修复，并做表面防腐处理。

（6）发现锚箱、锚具锈蚀，应及时除锈或补漆。

（7）发现高强镀锌钢丝锈蚀时，应立即清除表面锈迹，涂刷环氧富锌底漆两道，最后涂覆防锈油脂。

（8）当桥上发生6级大风以后，应当检查吊杆有无异常。

（9）吊杆接近使用年限应加强检查，必要时上报更换吊杆。

4.1.2 锚杯、封锚盖板检查维修

锚杯、封锚盖板等外部钢构件锈蚀，会使它们对结构受力构件的保护作用下降或失效，严重时如果封锚盖板跌落还会危及车辆、行人。锚杯、封锚盖板检查主要以表观检查为主，其中锚杯需打开检查内部。检查内容为锈蚀程度、防腐油脂状态、止水腻子老化程度、渗漏情况等。

4.1.3 换索

（1）吊杆或体外预应力索检测发现以下问题时，应向主管单位提出实施换索的请示。

① 锚具出现裂纹；

② 吊杆或体外预应力索断丝数量超过钢丝总数的2％；

③ 因锈蚀，吊杆或体外预应力索钢丝总截面面积减少10％以上。

（2）吊杆与体外预应力索使用年限超过索的设计使用寿命时必须换索。

（3）换索必须制定严密的施工和监控方案，在测定营运过程中每束索力的基础上，根据设计的技术要求，通过计算，确定索力值和换索方案。

（4）为保证桥梁结构、人员、车辆的安全，在施工期间必

须设专人对交通进行管理和控制。换索时段及测定索力时段，应暂时中断交通。

（5）换索应根据设计单位确定的索力进行施工，保持桥面平顺。

（6）换索完成后，应进行全面检测，包括应力、线形及索力等。

（7）拆换下来的吊杆和体外预应力索应进行详细的锈蚀检测，测定有代表性索体的剩余承载能力，为今后养护吊杆和体外预应力索提供借鉴和依据。

4.2　斜拉桥的养护

斜拉桥应定期进行动力特性、重要部位的内力、拉索索力、拉索探伤和静载的检测，时间间隔不得超过7年。检测报告应结合历年的各项检测结果进行综合分析。应通过结构监测，掌握桥梁在使用过程中结构构件的变化和力学性能及空间位移情况。

（1）斜拉索锚固端的检查应符合下列规定：

① 塔端锚头、钢主梁端锚头必须每半年进行一次保养，对在钢梁外侧并有钢盖板罩的锚头应每3年进行一次保养。

② 锚具的锚杯及锚杯外梯形螺纹和螺母不得锈蚀和变形，锚板不得断裂；墩头应无异常。

③ 锚固结构的支承垫块不得锈蚀、位移、变形；梁端锚箱不得锈蚀、变形；锚箱与主钢梁腹板连接的高强螺栓不得松动、锈蚀；塔端或混凝土梁端预埋承压钢板不得锈蚀、变形；钢板四周混凝土不得有裂缝、剥落、渗水等现象。

（2）斜拉索护层的检查应符合下列规定：

① 水泥浆护层应每半年检查一次，拉索表面不得有裂缝，塔端锚头处不得有水和水泥浆渗出。近梁端的拉索底部应正常。

② 防锈油膏应每半年检查一次并及时补充，套管不得老化、开裂。防锈油膏失效应及时更换。

（3）主塔混凝土发生碳化反应和有水渗入使混凝土发生钙化反应时，应在混凝土表面涂混凝土保护剂。

（4）锚箱裂缝应采用加强法及时处理。

（5）钢-混凝土组合梁的养护维修、检测应符合要求。

（6）端横梁的养护应符合下列规定：

① 外力造成混凝土剥落与露筋时，应将钢筋的锈迹清除，并把松动保护层凿去后修补。

② 横梁箱内应通风，适时测量内外温差，温差不宜过大。对横梁箱体裂缝，必须查明原因后再做加固处理。

（7）当斜拉桥钢筋混凝土或预应力混凝土主梁的裂缝超过规定值或挠度超过设计规定的允许值或拉索索力偏离设计值较大时，应查明原因，通过计算进行加固和调整索力。

（8）拉索各部位的维修应符合下列规定：

① 当拉索 PU 护层撕破露出 PE 护层超过 10％时，应进行修补。

② 拉索护层表面有裂缝，但表面干燥，内部无水渗出，钢丝未锈蚀，应将裂缝封闭；若钢丝已有锈蚀或表面潮湿，裂缝内有锈水渗出，应沿裂缝处剥开防护层，排除水分，露出钢丝，除锈并干燥后，再做防锈处理，修复防护层。

③ 塔端钢承压板四周的混凝土松动、剥落、开裂，应先将松动的混凝土去除，检查损坏的范围，如内部钢筋锈蚀造成

混凝土起壳剥落，应先对钢筋除锈，将损坏的混凝土凿去、擦净再修补；锚杯和螺母上的梯形螺纹出现变形、裂缝时，需做进一步的探伤，测量索力及做技术鉴定。根据鉴定结果，进行维修。

④ 应经常检查支座处斜拉索及阻尼垫圈式减振器的防水情况和橡胶老化变质情况，必要时可更换。

⑤ 当一根拉索内已断裂的钢丝面积超过拉索钢丝总面积的 2%时，或钢丝锈蚀造成该拉索钢丝总面积损失超过 10%时，必须换索。

⑥ 设置在塔身与梁体之间的橡胶体横向限位装置应每年清除一次四周的污物，检查橡胶体的老化程度并做好记录，锈蚀的钢件应除锈后刷油漆。

4.3　钢系梁的养护

（1）系梁内外表面应保持清洁，清除箱内垃圾和积尘。

（2）系梁内如有积水，应该立即排除。

（3）系梁养护结束后，应关闭检修孔盖并上锁，避免雨水与闲杂人员进入箱内。

（4）系梁线形变化超过规定的变形，可采取下列方法加固：补加预应力束；增设体外预应力束；系梁补强。

（5）应加强对拱肋系梁结合部位的保养维修，防止水渗漏造成系梁钢构件锈蚀。

（6）对于预应力混凝土箱梁出现的裂缝，要找出原因，如因混凝土结构本身收缩、徐变引起的轻度裂纹，可用环氧树脂进行封闭；如因受力变形引起裂缝，应提出加固与修复措施。

（7）系梁钢结构的裂纹修复后应进行无损检查，确保焊缝不存在缺陷，否则重新修补。

4.4 拱结构相关养护

4.4.1 拱肋、风撑、立柱养护

（1）每年常规定期检查前宜对拱肋、风撑、立柱进行一次保洁，彻底清除表面积尘和垃圾。

（2）拱肋、风撑、立柱外部保洁、检测应使用专用养护设施。

（3）拱肋、风撑、立柱、加劲肋等产生局部变形、穿孔或裂缝而削弱断面，应制定矫正、维修加固或更换方案，经批准后实施。处理时应注意施工顺序，使大桥结构受力状况维持在允许范围。

（4）拱肋、风撑、立柱外表面安装附属构件时应选择合适的连接方式，未经设计单位同意，不得在主体结构上采用钻孔、焊接等连接方式。一般宜通过次要构件上的板件进行连接。

（5）对焊缝处有裂纹或开脱的焊接连接构件，采取必要的补焊、更换或其他措施。

（6）钢管混凝土拱肋、立柱钢管内有孔洞时，在相应部位处钻孔，灌注环氧树脂或水泥砂浆，然后封闭灌浆口。

（7）进行修补后的焊缝，应对相应部位涂刷油漆或涂抹油脂防腐，并做好标记，将其位置、数量做好记录存档，作为今后定期检查内容。

（8）火灾、化学污染或撞击等意外灾害发生后应采用无损

检测方法对受影响焊缝进行专项检测。

(9) 焊缝检查与评定方法根据《钢结构工程施工质量验收规范》(GB 50205—2001) 第5章中的相关条款执行。

4.4.2 下部结构养护

(1) 拱座与拱座周围的积水应及时排除，保持拱座处的清洁干燥。

(2) 拱座处钢管与被混凝土包裹段交界处应涂抹油脂防护。

(3) 拱座涂装若有剥落，应及时修复。

(4) 及时清除桥墩表面的青苔、杂草及杂物。

(5) 桥梁如产生桥墩下沉位移，应进行观测，尽快查明原因，及时处理。

(6) 因碱-集料反应、氯离子侵蚀、空气或水污染腐蚀混凝土，锈蚀钢筋，造成拱座、桥墩混凝土裂缝扩展、坏损等，应截断污染源，修补裂缝及坏损部位，必要时对混凝土表面进行涂料防护。

(7) 混凝土拱座、桥墩出现表面裂缝病害，可用灌浆，封闭、凿除后修补或其他相应方法处理。

(8) 桥梁基础附近的河床应保持稳定。

(9) 当基础局部出现冲刷过深或局部掏空时，应及时抛填块石、片石、铅丝石笼等进行维护；基础周围冲空范围较大时，除填补基底被冲空部分外，并应在基础四周加砌防护设施，或灌注水下混凝土。

(10) 在基础附近施工时应符合相关标准或规定，避免扰动基础土体。

(11) 如发生桥墩、承台遭受船只撞击，应立即上报养护管理部门，并安排针对桥墩、承台及桩基础的特殊检查。

4.5 隔音屏的养护

4.5.1 隔音屏冲洗

隔音屏冲洗步骤如下：

（1）使用水车喷水打湿隔音屏，冲除部分污渍。

（2）在水桶里混合工业洗洁精与自来水。

（3）采用鬃刷和隔音屏拖把浸泡混合液人工擦洗，擦净隔音屏上下罩板和玻璃污渍（对于隔音屏外侧使用登高车进行擦洗）。

（4）使用水车第二次冲洗隔音屏，冲净工业洗洁精与自来水混合液。

4.5.2 隔音屏维修

（1）隔音屏的维修：对损坏的隔音屏进行切除；修复隔音屏要注意水平度和垂直度，控制好线性的顺直。焊接要求进行满焊，并进行油漆，如焊接底板松动时先处理底板。

（2）隔音屏玻璃的维修：隔音屏玻璃框架为金属结构，使用扳手拆除固定螺栓卸下破损玻璃，安装新玻璃时注意橡胶条完整，玻璃平整不得有摇晃、松动。

4.6 涂装施工养护

涂装施工应注意涂装色泽，防止出现设施外观色差而影响美观。控制合理的涂料厚度，防止流挂，注意涂装层次、颜色均匀。

涂装施工养护步骤如下：

（1）现场配制合适色泽的涂料。

（2）使用钢丝刷、铁砂皮清洁构件表面。

（3）涂刷第一道涂装。

（4）涂刷第二道涂装，两层涂料之间涂刷间隔时间根据现场情况合理控制。

4.7　其他设施养护

4.7.1　排水系统养护维修

（1）日常性检查包括桥面是否有坑槽，是否有积水；管口是否堵塞，进水口的盖框及格栅是否完好，管体有无脱落，出水口是否通畅。

（2）进水口应保证每 10 天清捞一次，对损坏、缺损的桥梁进水口须及时进行更换维修，且需采用与原设施性质相同的材料；进水口抹面要光洁。

（3）桥面泄水孔应完好、畅通、有效。

（4）排水立管应保证每两个月疏通一次，立管集水斗应保证每季度清捞一次，尤其是每年雨季前应全面检查、疏通，并加大检查频率。

（5）定期检查排水管道是否开裂或损坏。立管修复时要擦净管口，均匀涂刷胶水，管道接好之后，要经检查保证不渗水。管道安装抱箍要安放水平，螺栓要牢固。

（6）如发现泄水管堵塞，应采用专用高压冲水车进行疏通。

（7）系梁箱内排水管道应保持通畅，无渗漏，发现渗水应及时修复，并清除箱内积水，并进行必要的涂层修复。

（8）如发现路面有坑槽，应及时修补，避免积水。

（9）及时维修导水设施的支撑构件，发现泄水管损坏应及时修补，损坏严重的应及时更换。

（10）排水管连接件应保持足够延性，以满足桥梁的伸缩要求。

4.7.2　人行道与观景平台养护

（1）人行道和观景平台应每季度检查一次。

（2）人行道和观景平台应保持干燥，不得有积水。

（3）人行道板不得出现结构性破损。

（4）人行道和观景平台扶手应完好、牢固，不得有油污等黏性易滑物质。

（5）发现观景设施损坏应及时修复，在修复前应在附近设置警示标志。

（6）花岗岩、大理石、地砖面层应完好、平整、排列整齐、缝隙均匀。发现翘起应及时修复，发现开裂破损应及时更换。

4.7.3　桥上交通标志和标线养护

（1）应确保交通标志与标线的正确性、合理性。

（2）交通标志、支柱、连接件、基础等标志部件应完整、无缺损且功能正常。

（3）应对交通标志安装位置、角度、油漆、反光材料是否完好、齐全或是否贴有广告、启示等进行经常性检查，应对交通标线是否清晰、是否受到污染和磨损进行经常性检查。

（4）反光交通标志应保持良好的夜间视认性，对各种交通标志与标线的反光性能经常性检查应在夜间进行。

(5) 检查中发现交通标志反光材料、油漆局部脱落、褪色的应修补或重漆，损坏严重或丢失的应及时更换或补充。

(6) 对交通标线遭到损坏、污染、磨损的，应记录病害缺陷状况与位置，并及时修复。

(7) 因剥落、污染、磨损而影响指示效果的交通标线达到50%以上时，应重新制作标志线。

(8) 交通标志架应保持清洁，无明显剥落、锈蚀。每年进行一次油漆养护。

(9) 当交通条件有变化时，应对交通标志和标线进行相应的变更和增补。

4.8 案 例

4.8.1 工程概况

杭州市钱江四桥（复兴大桥）位于钱江大桥下游4.2km、南星桥第一码头上游约200m处；北端通过复兴立交桥与杭州市的中河高架路相连，南端与滨江区中兴立交桥相连，构成了一条连接杭州市中心与江南滨江新区的最便捷通道，是杭州市第一座跨越钱塘江的城市桥梁。该桥的建设，对缓解钱塘江大桥的交通拥挤状况，完善城市道路网建设，沟通两岸的联系，加快两岸的经济发展，尤其是南岸的经济发展，有着十分重要的意义。

桥位处江面规划宽度为1160m，桥梁设计全长1376m，桥梁高度由通航净空和滨江路人行道净空确定。钱塘江通航标准为国家四级航道，通航净高10m，净宽80m，最高通航水位为

6.123m，根据杭州市总体交通规划要求，钱江四桥为城市道路与轨道交通结合越江桥梁，其中上层为6车道的快车道，下层为中央快车道（原设计为双线轻轨）、公交车道和人行道。

上部结构采用了钢管混凝土双主拱方案，主桥的跨径组合按计算跨径为2×85+190+5×85+190+2×85（m），其中85m跨径为下承式系杆拱桥和上承式拱桥的组合，190m跨径为下承式系杆拱桥和中承式拱桥的组合，因此全桥包括拱桥的下承、中承、上承。

4.8.2 桥面设施日常巡检

为确保大桥畅通、设施完好、结构安全，桥面设施日常检查巡检工作是一项重要的、必不可少的工作之一。

1. 总体要求

（1）巡检人员必须及时、正确地掌握大桥桥面、塔楼及电梯等设施的完好状况，并认真做好巡检记录。

（2）巡检人员应及时掌握大桥通车环境、桥面是否有障碍物。

（3）巡检人员应及时掌握当天桥面作业情况，安全措施是否到位，作业人员是否规范作业，对养护作业不规范或安全措施不到位情况及时进行督导并认真做好记录。

（4）巡检人员应及时掌握前一天养护作业质量情况，并认真做好记录。

（5）巡检中遇特殊情况，巡检人员应立即上报中控室，并服从中控室指挥调度。

（6）巡视负责人按《城市桥梁养护技术规范》（CJJ 99—2017）对巡检工作进行督导、检查。

2. 巡检项目

（1）桥面铺装层有无裂缝、坑塘、拥包、车辙。

（2）进水口有无堵塞和缺损。

（3）伸缩缝有无跳车、螺栓有无松动和缺损、缝内有无垃圾、混凝土过渡段有无破损。

（4）标志、标牌、标线等设施有无损坏。

（5）隔离墩、移动门有无破损。

（6）防撞栏杆和防撞墙有无损坏。

（7）桥面的保洁状况。

（8）PVC 管有无缺失和堵塞。

（9）观景平台是否积水，游人休息坐台、地砖是否缺失，栏杆是否完好。

（10）人行道护栏底座完好状况。

（11）锚头、锚箱门锁缺失、锈蚀状况。

（12）主拱锚箱锈蚀、锈渍情况。

（13）吊杆锚具护套是否存在老化、油漆剥落和漏油情况。

（14）吊杆锚头是否存在漏油、防水橡胶条老化和缺失情况。

（15）锚箱盖子是否存在漏油、渗水、锈蚀、螺栓缺少情况。

（16）桥墩标志有无破损、缺失。

（17）人行道地砖有无缺失、破损、松动。

（18）四座塔楼、土建设施、照明设施、电梯设施、外围人行走梯、栏杆完好情况。

4.8.3　巡检结果的处理

巡检结束后，巡检人员应及时、准确、清晰地将巡检记录进行整理汇总，下发养护作业任务，并于当日填写巡检工作日报。

4.8.4 巡检频率

巡视人员每日巡检不得少于 2 次，其中四座塔楼设施、电梯系统每 2 小时巡视一次。

重大节日或特殊事件每日巡检不得少于 3 次。

4.8.5 巡检范围

复兴大桥桥面系及相关附属设施。

4.8.6 巡检作业内容

（1）巡检出行前，必须穿上反光背心。

（2）巡检作业必须 2 名巡检员以上同时进行。

（3）巡检携带工具：数码相机、卷尺、望远镜、日常巡检记录表、事故现场勘察取证表等。

（4）巡检过程中发现重要情况及时报告监控室，并积极配合有关部门做好处置工作。

（5）正常巡检作业主要以步行为主，驾车为辅。

（6）在巡检过程中发现异常情况，应及时记录异常情况发生位置。

（7）在巡检过程中发现病害必须拍照取证。

（8）巡检人员应积极配合交警、路政等管理单位，到现场协助处理交通事故。

（9）做好桥梁设施损坏的赔偿工作。

4.8.7 相关表式

桥梁设施损坏情况现场取证勘察表、事故情况说明表、日常巡查表、日常巡视病害记录表，分别见表 4-1～表 4-4。

表 4-1　桥梁设施损坏情况现场取证勘察表

填报单位：　　　　　××公司　　　　　　　　　　　时间：　　年　月　日

接报时间	时　分	事故地点	
取证时间	时　分至　时　分	天气情况	
事故车辆单位		车号	
行驶证编号		驾驶证编号	
设施损坏范围			
司机姓名		电话	
事故车辆单位		车号	
行驶证编号		驾驶证编号	
设施损坏范围			
司机姓名		电话	

设施损坏情况勘察取证记录：

巡视员：　　　　　　　事故车司机：　　　　　　　现场见证人（交警警号）：

表 4-2　事故情况说明表

年　月　日　　　事故

一、事故发生时间：

二、事故车辆：

三、事故发生地点：

四、事故发生现场全景、拍照：

五、特写景、拍照：

六、事故影响范围（上行）或（下行）　　　　　墩至　　　墩

七、行驶证、驾驶证（拍照）：

八、事故现场处理民警号：

九、设施损坏情况：

十、设施维修内容：

十一、维修预算：

十二、维修结算收据复印件：

表 4-3 日常巡查表

桥梁名称（编号）			巡检单位		
检查项	完好	损坏类型	损坏程度（数量）	损坏位置	备注
桥如牌	□是□否				
限高牌、限载牌	□是□否				
车行道	□是□否				
人行道	□是□否				
伸缩缝	□是□否				
栏杆	□是□否				
排水设施	□是□否				
桥路连接位置	□是□否				
上部结构	□是□否				
支座	□是□否				
下部结构	□是□否				
桥梁保护区域内施工					
其他危及行人、行船、行车安全的病害					
巡查人			巡查日期	年 月 日 星期 天气	

表 4-4 日常巡视病害记录表

日期： 天气：

检查内容	病害内容、损坏部位、缺陷情况									
桥面铺装	裂缝		坑槽		波浪		拥包		其他	
	部位	情况	部位	情况	部位	情况	部位	情况	部位	情况
伸缩缝	过渡段碎裂		错台		型钢跳动		翘起、断裂		积泥或其他	
	部位	情况	部位	情况	部位	情况	部位	情况	部位	情况

续表

检查内容	病害内容、损坏部位、缺陷情况									
进水口	缺盖		盖损		堵塞		其他			
	部位	情况	部位	情况	部位	情况	部位	情况	部位	情况
防撞墙	碎裂		缺角		露筋		擦痕		其他	
	部位	情况	部位	情况	部位	情况	部位	情况	部位	情况
隔离墩	断裂		缺角		露筋		擦痕		其他	
	部位	情况	部位	情况	部位	情况	部位	情况	部位	情况
移动门	未关闭		构件损坏		倾斜、倾倒		其他			
	部位	情况	部位	情况	部位	情况	部位	情况	部位	情况
栏杆	脚柱脱落		断裂		翻翘		位移		其他	
	部位	情况	部位	情况	部位	情况	部位	情况	部位	情况
防眩屏、标牌、电杆	缺损		歪斜		倒塌		其他			
	部位	情况	部位	情况	部位	情况	部位	情况	部位	情况
临时封道器、诱导器、各类箱盖	缺损		其他							
	部位	情况	部位	情况	部位	情况	部位	情况	部位	情况
限速板	失亮		缺字		内容不正确		其他			
	部位	情况	部位	情况	部位	情况	部位	情况	部位	情况

4.8.8 拱券检查

全桥有 2 对 190m 跨径的拱券（图 4-1），9 对 85m 跨径的拱券，具体情况如下：

190m 跨径的拱券拱轴线形为二次抛物线，矢跨比为 1/4，拱肋断面形式为桁架式，拱肋高度为 4.5m，宽 2.6m，上层桥面以上每个拱肋由 4 根 ϕ95cm 的钢管组成，钢材采用 Q345C 钢，管壁厚度四分点以下为 24mm，四分点以上为 22mm；腹杆采用 ϕ406cm、$\delta=14$mm 的钢管，上下平联采用 ϕ50cm、$\delta=10$mm 钢管，上下平联水平向间距为 2.0m。上层桥面以下至拱脚拱肋断面由横哑铃形的上下弦杆通过腹杆连接组成。纵向四根钢管和哑铃形断面内灌注 C50 混凝土，其余均为空钢管。其中上层桥面以上设置五道桁架式风撑，风撑弦杆采用 ϕ90cm、$\delta=16$mm 的钢管，腹杆和平联采用 ϕ40cm、$\delta=10$mm 的钢管。

图 4-1　190m 跨径拱券

85m 跨径（图 4-2）的拱券为下承式系杆拱桥与上承式拱桥的组合，拱轴线形为二次抛物线，矢跨比为 1/7，采用 ϕ170cm 单钢管，管壁厚为 22mm，钢管内设置两道竖板，板厚 10mm。为了保证拱肋的横向稳定性，拱肋之间设置 5 道风撑，风撑采用 ϕ90cm，厚度为 $\delta=16$mm。上述钢材均采用 Q345C 钢。拱肋钢管内灌注 C50 混凝土。

图 4-2 85m 跨径拱券

1. 拱券检查方法与步骤

所用工具：望远镜、铁锤。

（1）对作业区域进行封道，如图 4-3 所示。

（2）工作人员用望远镜对拱券钢结构进行目测检查，并做好记录，如图 4-4 所示。

（3）工作人员用铁锤对拱券焊缝进行敲击检查，并做好记录，如图 4-5 所示。

图 4-3　阻断交通

图 4-4　望远镜检查拱券钢结构

图 4-5　铁锤检查拱券焊缝

2. 健康系统检测数据统计与分析

对第五跨拱肋（脚）应变的监测数据进行统计，根据监测数据统计表，结合结构本身的变化，混凝土的徐变、收缩、温度、预应力损失，索的松弛，测量误差等，对第五跨拱肋（脚）运行状况进行分析。如监测数据出现警报值，应及时通知监管中心和上级部门，如图 4-6 所示。

4.8.9　系梁检查

全桥有 2 对 190m 跨径的系梁，9 对 85m 跨径的系梁，具体情况如下：

190m 跨径的系梁为高 2.5m、宽 2.5m 的钢箱断面。系梁在纵向上分为标准段系梁（跨中 154m 范围内）及拱脚段系梁（拱脚起 23.95m 范围内），其中标准段系梁顶、底板及腹板厚度为 30cm（其中吊杆位置局部范围内顶、底板厚度为 30cm），拱脚段系梁顶、底板及腹板厚度为 30mm（其中吊杆位置局部范围内顶、底板厚度为 50mm）。系梁预应力钢束采用外包 PE

序号	记录时间	第五跨拱肋（脚）应变
1	0T.01.16	−7.989
2	0T.01.20	−79.530
3	0T.01.23	−72.330
4	0T.02.01	−7.989
5	0T.02.10	−74.420
6	0T.02.12	−77.424
7	0T.02.24	−82.483
8	0T.03.02	−67.933
9	0T.03.07	−59.328
10	0T.05.14	−62.776
11	0T.03.23	−63.335
12	0T.03.29	−72.330
13	0T.04.06	−72.377
14	0T.04.13	−72.377
15	0T.04.24	−67.520
16	0T.05.06	−67.880
17	0T.05.11	−75.540
18	0T.05.14	−43.830
19	0T.05.25	−35.680
20	0T.05.28	−45.970
21	0T.06.11	−46.811
22	0T.06.16	−47.650
23	0T.06.18	−46.531
24	0T.06.29	−45.891
25	0T.07.03	−45.891
26	0T.07.08	−22.190
27	0T.07.18	−52.400
28	0T.07.23	−58.260
29	0T.08.03	5.540
30	0T.08.07	−34.060
31	0T.08.17	−30.250
32	0T.08.21	−49.310
33	0T.08.31	−50.870
34	0T.09.07	−28.030
35	0T.09.10	−42.890
36	0T.09.17	−57.830
37	0T.09.25	−42.352
38	0T.10.02	−40.258
39	0T.10.12	−40.235
40	0T.10.19	−49.150
41	0T.10.26	−27.010
42	0T.11.02	−34.020
43	0T.11.08	−31.050
44	0T.11.16	−26.460
45	0T.11.23	−38.480
46	0T.11.30	−33.820
47	0T.12.07	−41.660

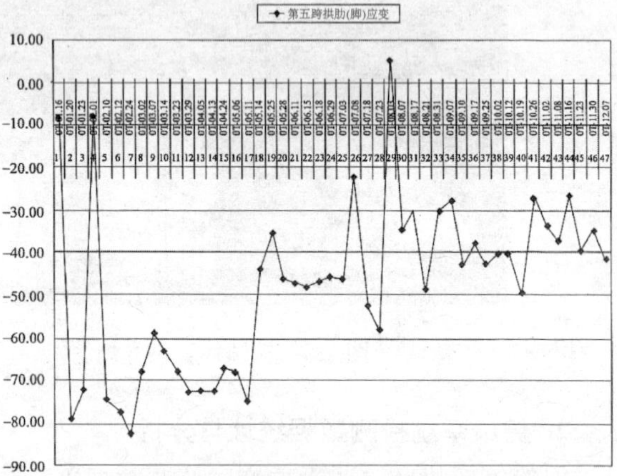

备注:

1.应力测试点为第五跨(上测得下跨拱肋,外右侧),单位为kN;

2.测量时间为08点～16点,所列数据值为当日测得数值绝对值的最大值;

3.吊杆应力一级报警(上/下)值为(200/-100),二级报警(上/下)值为(200/-200)。

图 4-6 第五跨拱肋（脚）应变监测数据统计表

护套的环氧涂层钢绞线成品索，采用标准为 ASTMA416—90a（270K）的高强度低松弛钢绞线，标准强度为 R_y^b＝1860MPa。预应力钢束在钢箱梁内采用圆钢滚轴定位，进入拱脚混凝土范围内采用预埋弯钢管作为预应力管道。系梁预应力钢束采用可更换系杆锚，预应力束数量在设计时适当留有余地。广西城市段每根系梁设有 14 根 37Φ^s15.24 钢绞线，另设有 4 根备用束；路桥集团段每根系梁设有 16 根 37Φ^s15.24 钢绞线，另设有 2 根备用束，如图 4-7 所示。

85m 跨径的系梁为高 2.5m、宽 2.0m 现浇劲性骨架预应力混凝土结构，断面形式为箱形，壁厚为 40cm。预应力采用 12 束 31Φ^s15.24 的钢绞线［ASTMA416—90a（270K），R_y^b＝

1860MPa]。系梁混凝土采用 C50。系梁按预应力混凝土 A 类构件设计，如图 4-8 所示。

图 4-7　190m 跨径系梁

图 4-8　85m 跨径系梁

1. 系梁钢结构检查方法

所用工具：铁锤。

工作人员用铁锤对系梁钢结构焊缝进行敲击检查，并做好记录，如图 4-9 所示。

图 4-9　铁锤检查系梁钢结构焊缝

2. 健康系统检测数据统计与分析

对系梁预应力的监测数据进行统计，根据监测数据统计表，结合汽车荷载、局部温差、风、结构本身的变化等，对系梁预应力进行分析。如监测数据出现警报值，应及时通知监管中心和上级部门，如图 4-10 所示。

4.8.10　支座定期检查

1. 概述

桥梁支座分为北接线支座、主桥支座、南接线支座 3 部分。我们根据支座的特征，将其分为橡胶支座和钢支座两类。

北接线支座布置图如图 4-11 所示。

拱桥的上下部连接方式采用外部静定内部高次超静定的简支方式。190m 跨拱脚处设置 6500t 的盆式支座，并设置刚度很大的端横梁。端横梁下面设置两个 1000t 的辅助支座。6500t 的大型盆式支座采用了中国路桥集团新津厂的产品。85m 跨拱脚处设置 3500t 的盆式支座，每跨 1 个 GPZ（Ⅱ）35GD 支座、1 个

序号	记录时间	北岸大跨	南岸大跨
1	0T.01.16	6754.008	4032.777
2	0T.01.20	41111.520	5899.230
3	0T.01.23	4168.380	5896.820
4	0T.02.01	6734.010	4032.780
5	0T.02.10	6668.140	4232.210
6	0T.02.12	6355.190	4850.400
7	0T.02.24	6784.460	4017.710
8	0T.03.02	6240.480	4563.250
9	0T.03.07	6823.470	4274.220
10	0T.05.14	6013.290	4779.620
11	0T.03.23	5755.480	5012.230
12	0T.03.29	4148.380	5835.820
13	0T.04.06	4148.410	5835.040
14	0T.04.13	4147.160	5835.830
15	0T.04.24	808.510	762.432
16	0T.05.06	808.402	762.581
17	0T.05.11	811.810	764.960
18	0T.05.14	811.806	764.855
19	0T.05.25	773.973	702.340
20	0T.05.28	798.994	800.340
21	0T.06.11	797.639	802.567
22	0T.06.15	782.536	753.738
23	0T.06.18	827.224	827.224
24	0T.06.29	845.390	764.002
25	0T.07.03	845.390	764.002
26	0T.07.08	857.233	772.168
27	0T.07.18	822.735	800.542
28	0T.07.23	815.091	787.782
29	0T.08.03	765.558	732.124
30	0T.08.07	830.462	796.576
31	0T.08.17	823.766	801.593
32	0T.08.21	826.710	804.450
33	0T.08.31	816.588	771.140
34	0T.09.07	800.187	719.831
35	0T.09.10	811.257	743.326
36	0T.09.17	804.254	740.258
37	0T.09.25	812.363	743.147
38	0T.10.02	823.022	738.369
39	0T.10.12	818.215	746.369
40	0T.10.19	823.216	790.924
41	0T.10.26	817.046	791.725
42	0T.11.02	795.586	789.531
43	0T.11.08	805.698	796.100
44	0T.11.16	781.663	769.097
45	0T.11.23	807.559	799.585
46	0T.11.30	798.584	907.045
47	0T.12.07	788.063	885.708

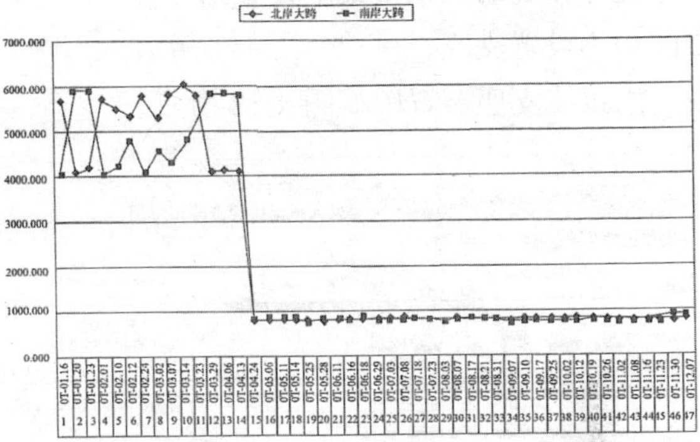

备注:

1.应力测试点北岸大跨为第5路-3号预应力索,南岸大跨为第11路-2号预应力索,单位为kN;

2.测量时间为08点～16点,所列数据值为当日测得数值的最大值;

3.系梁预应力一级报警(上/下)值为(7000/0),二级报警(上/下)值为(10000/0)。

图 4-10　系梁预应力的监测数据统计表

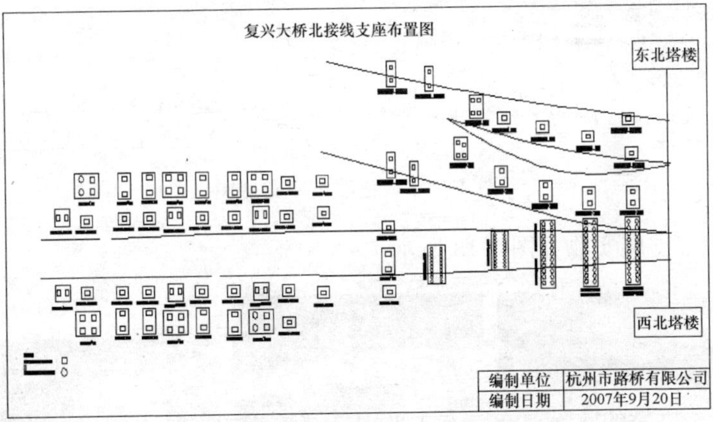

图 4-11　北接线支座布置图

GPZ（Ⅱ）35SX 支座、2 个 GPZ（Ⅱ）35DX 支座。

85m 跨上层立柱横梁与桥面板之间通过板式橡胶支座传递桥面荷载，每根横梁上设置 20 个支座，每跨除了中间两根横梁上设置固定支座外，其余横梁均设置活动支座。190m 跨仅在靠近伸缩缝的三根横梁上设置活动支座。下层横梁与桥面板之间均不设置支座。

南接线支座布置图如图 4-12 所示。

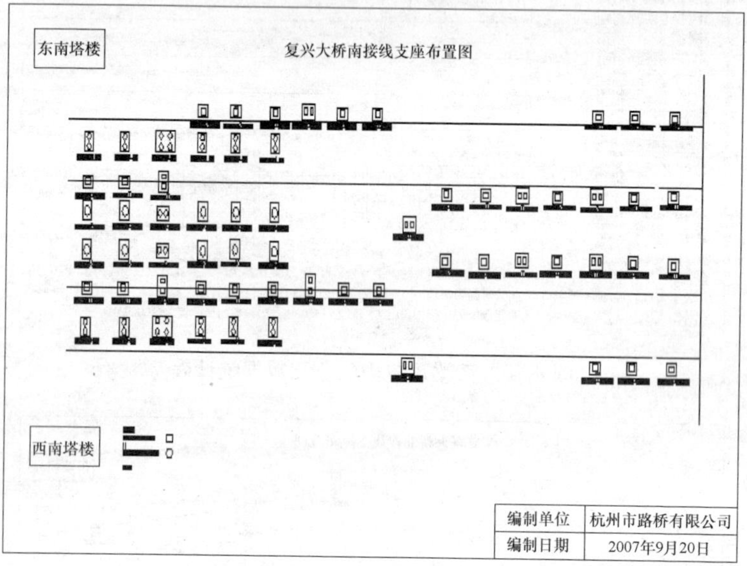

图 4-12　南接线支座布置图

支座实物如图 4-13 所示。

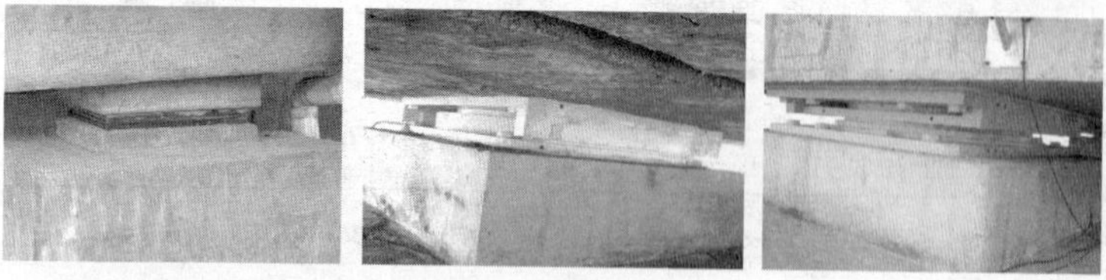

(a)　(b)　(c)

图 4-13　支座类型图

(a) 橡胶支座；(b)、(c) 钢支座桥梁保养操作人员、材料、设备配备分别见表 4-5～表 4-7。

表 4-5　人员配备表

作业人员	数量	主要职责
班长	1 名	保养作业安排，质量、安全、进度、文明施工交底
质安员（班长兼）	1 名	保养作业质量、安全检查
交通员	1 名	维护交通
保养人员	4 名	进行支座保养
驾驶员	2 名	安全行车

表 4-6　材料配备表

材料名称	单位	数量	主要作用
垃圾袋	个	若干	防止污染环境
竹扫帚	把	1	对支座周边进行卫生打扫
油漆	罐/瓶	若干	对钢部件进行防锈处理
毛巾	条	若干	对支座灰尘进行清除
防护帽	个	10	维护交通
水泥	袋	若干	修补剥落、损坏的混凝土
钢刷	把	1	对锈蚀表面进行清理
刷子	把	若干	上油漆
泥夹	把	若干	上水泥

表 4-7　设备配备表

材料名称	单位	数量	主要作用
皮卡车	辆	1	1. 接送保养人员到指定地点； 2. 运输施工材料
登高车	辆	1	把保养人员送到指定高度，提高保养时效

工作人员上岗前必须接受安全技术和操作技能培训，合格后持证上岗，如图 4-14 所示。

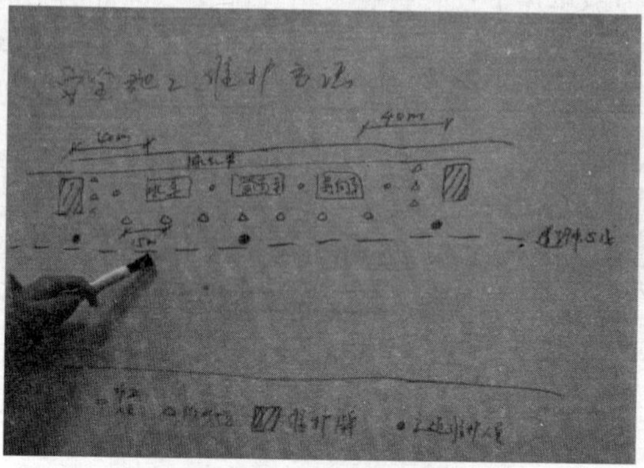

图 4-14　岗前培训

作业前，作业负责人必须对作业班长进行安全、技术交底，并做好记录，分别见表 4-8、表 4-9。

表 4-8　支座定期保养安全交底记录表（样表）

项目：支座定期保养	作业地点：××	交底日期：××
专项负责人：××	保养班长（交底人）：××	作业时间：××
安全工作内容		实施情况
1	支座定期保养须按安全法规做好安全措施	
2	作业前须通知紧急值班人员做备案记录并征得同意	
3	作业人员必须穿戴好相应的劳动防护用品，如分公司的工作服、工作鞋、安全帽，夜间穿反光背心。特殊作业位置还须带上保险带及救生衣	
4	作业人员明确本次作业程序，熟悉本次作业的安全操作规程，明确各种配合关系	
5	本次作业的工具、设备、安全防护设施齐全完好	

续表

安全工作内容		实施情况
6	作业签发人在布置作业的同时已进行安全交底，交代清楚而且作业人对要求已领会	

交底对象签名：

表 4-9 支座定期保养内容交底记录表（样表）

项目：支座定期保养	作业地点：××	交底日期：××
专项负责人：××	保洁班长（交底人）：××	作业时间：××
支座保养内容		维修要求
××墩支座	支座问题说明（例子：支座太脏）	□保养未完成（上报） □保养完毕
××墩支座	支座问题说明（例子：支座钢板锈蚀）	□保养未完成（上报） □保养完毕
××墩支座	支座问题说明（例子：支座周边混凝土剥落、损坏）	□保养未完成（上报） □保养完毕
××墩支座	支座问题说明（例子：盖梁积水）	□保养未完成（上报） □保养完毕
××墩支座	支座问题说明（例子：支座有模板）	□保养未完成（上报） □保养完毕
××墩支座	支座问题说明（例子：支座周边混凝土卫生太差）	□保养未完成（上报） □保养完毕

交底对象签名：

支座定期检查前须报养护公司技术巡查部负责人，技术巡查部负责人必须立即电话通知监控中心，说明作业内容、作业区域、作业时间等，并做好记录。

监控中心必须立即做出能否上桥作业的明确回复。

养护班长清点施工材料，如图 4-15 所示。

图 4-15　施工材料清点

工作人员须佩戴胸卡上岗，作业前按照规定穿着工作服、工作鞋，戴好安全帽、纱手套。上登高车必须系好安全带，如图 4-16 所示。

图 4-16　作业人员在登高车上

出车前对养护作业车辆进行例保检查，确保设备的良好及整洁，并做好例保记录，如图 4-17 所示。

(a)　　(b)

图 4-17　检查养护车辆

（a）检查登高车；（b）检查皮卡车

对所检查的支座进行封道，如图 4-18 所示，并用皮卡车把作业人员送到指定地点。

图 4-18　封道

对所检查支座进行标记，保证资料对应性，如图 4-19 所示。

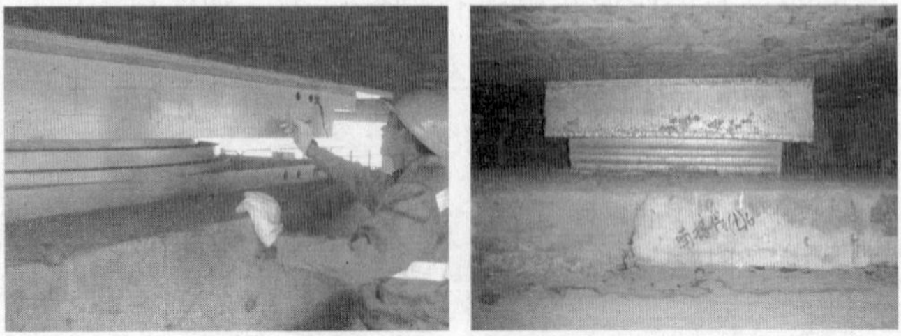

图 4-19　支座检查

2. 对支座进行卫生清理

用竹扫帚清除支座周边的垃圾（混凝土块、铁丝等），如图 4-20 所示，垃圾运到指定点清除。

图 4-20　清扫支座垃圾

用毛巾对整个支座的灰尘进行擦除，然后喷洒油污净，再拿毛巾进行擦除直到表面无灰尘，如图 4-21 所示。

对盖梁上的积水用竹扫帚进行清除，如图 4-22 所示。

3. 对支座进行防锈处理

用钢刷对锈蚀部分进行清理，再对锈蚀部位进行打磨，做到表面无锈迹，如图 4-23 所示。

用毛巾擦洗支座表面直到表面无锈灰，如图 4-24 所示。

上第一道防锈漆，如图 4-25 所示。

图 4-21　擦洗灰尘

图 4-22　清扫积水

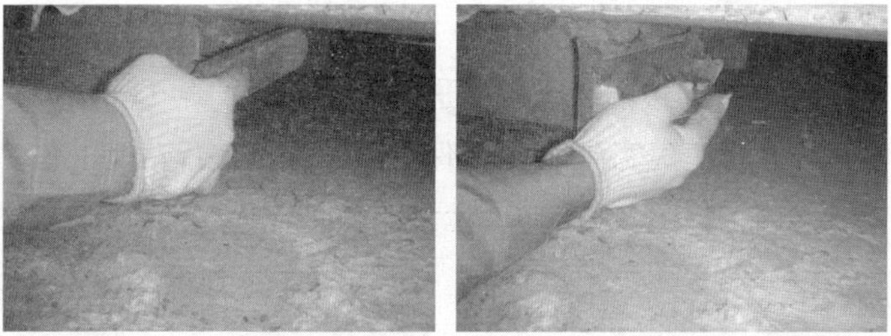

图 4-23　对锈蚀部分进行打磨

图 4-24　表面擦洗

图 4-25　上第一道防锈漆

等第一道防锈漆干透后，上第二道防锈漆（确保油漆厚度），如图 4-26 所示。

图 4-26　上第二道防锈漆

4. 对支座周边混凝土剥落进行修补

用毛巾清理病害处灰尘，保证水泥黏结力，如图 4-27 和图 4-28 所示。

图 4-27　水泥拌和

图 4-28　周边修补

对混凝土进行隔天浇水，养护一周。

5. 支座定期检查作业记录

支座定期检查作业频率：7～10 个/周。检查顺序：① 南接线支座；② 北接线支座；③ 广西路桥支座；④ 二城市局支座。养护完成后填写养护维修质量评定表（表 4-10）。

表 4-10　养护维修质量评定表（样张）

日期：××年××月××日

名称	序号	养护维修内容	完成工作量	具体位置	合格率
土建	1	桥面日常巡视			
	2	桥面清扫			
	3	捡拾桥面抛洒物			
	4	观景平台保洁			
	5	钢箱部保洁			
	6	陆上段排水管疏通			
	7	四座塔楼保洁			
	8	吊杆保洁			
	9	支座保养			
	10	梁板保洁			
	11	标志标牌清洗			
	12	进水口冲洗			
	13	桥头堡保洁及栏杆油漆			
	14	伸缩缝保养			
	15	桥墩牌更换			
	16	绿化浇水			
	17	桥面洒水			
	18	排水管调换			
	19	诱导标志调换			
	20	标志牌更换			
平均合格率		100％	质量等级	优良	
质量员评定意见		合格　　质量员：×××			
主要负责人评定意见		同意验收　　主要负责人：×××			
部门经理评定意见		同意验收　　部门经理：×××			

支座技术评定等级分为一类、二类、三类和四类。一类支座须进行正常保养；二类支座须进行小修；三类支座须进行中修；四类支座须进行大修或改扩建。养护完成后填写支座状况评定表（表4-11）。

表4-11　支座状况评定表

	一类	二类	三类	四类
支座	1. 各部分清洁、完好，位置正确； 2. 活动支座伸缩与转动正常	1. 支座有尘土堆积，略有腐蚀； 2. 支座滑动面干涩； 3. 支座固定螺栓松动，锈蚀严重； 4. 橡胶支座开始老化； 5. 支座垫石有剥落、露筋锈蚀现象	1. 支座的组件出现断裂； 2. 橡胶支座老化开裂； 3. 支座垫石碎裂； 4. 活动支座坏死，不能活动； 5. 支座上下错位过大，有倾斜面脱落的危险	支座错位、变形、破损严重，已失去正常支承功能，使上下部结构受到异常的约束，造成支承部件的缺损和桥面不平顺

4.8.11　钢管混凝土拱肋的检查和养护

对钢管混凝土拱肋（含横向联结系）应检查涂层有无损坏或剥落，拱肋及联结系的所有焊缝有无裂缝，尤其应注意检查拱座与拱肋交界的转折区及系杆锚固区混凝土有无裂缝、积水。如发现杆件、螺栓、焊缝等有损伤裂缝，标上颜色，经常观察其发展情况，并对裂缝起讫位置、缝宽等情况进行详细记录。

对钢管混凝土拱肋（含腹杆及横向联结系）的养护工作主

要包括下列内容：

保持焊接的正常状态。当焊缝承受与其方向垂直的交变荷载时，在焊接缺陷及局部应力集中处均易诱发疲劳裂纹。该裂纹一旦形成，在应力与腐蚀介质的共同作用下迅速扩展，如不及时修复，会引起严重后果，因此，对拱肋的焊接部位应注意保持焊接的正常状态。若发现桥梁在使用过程中焊接处发现裂缝，应注意分析发生原因，及时处理。

当发现拱肋裂缝后，应由专业技术焊工及时用电钻在裂纹端钻一直径2～3mm的圆孔，制止裂纹的扩展，然后用碳弧气刨清除裂纹部位。裂纹清除后，用砂轮打磨干净，预热后用CO_2保护焊修复。修复完毕应进行无损检查，确认焊缝缺陷不复存在，否则应重新修补。焊缝修补次数不应超过2次。修复工作进行前，应制订相应修补方案及焊接修复工艺，焊接工艺应进行必要的测试与评定。对重要部位焊缝修复，应征得有关专家认可后方可实施。

日常检查过程中，若发现拱肋涂层有《铁路钢梁涂膜劣化评定》（TB/T 2486—1994）所列的涂膜劣化等级2级以上的漆膜损坏，应及时处理。

在确定钢管混凝土的管内有空洞或离析时，可先钻孔注入环氧树脂、水泥沙浆后再封闭钻孔。主梁的挠度值出现异常时，要及时限制交通，并应查明原因，委托设计部门计算，采取措施进行处理。

4.8.12 吊杆及锚具的检查和养护

桥梁建成三年内，应每季度选择季平均最高和最低气温对吊杆内力进行一次测量，第四年起，每年应选择年平均最高和最低气温对吊杆内力进行一次测量，并做好记录。当实测内力与成桥初始内力相差超过＋5％时，应及时向原设计单位和主管部门报告，以决定是否进行内力调整。

由于桥梁长期处于微振状态，必须对吊杆进行经常检查。其主要检查内容如下：

（1）检查吊杆两端的锚固部位，包括吊杆端部及冷铸锚头、横梁锚固构造、吊杆套管等是否有浸水、锈蚀和开裂、松动等，防护套管油漆是否完好，冷铸锚头有无松动、裂缝或破损。

（2）对吊杆的振动进行观察，包括吊杆振动是否明显（特别是在大风时），减振措施是否损坏失效，防护套是否破坏；当桥上发生6级以上大风后，应检查吊杆有无异常。为了分析吊杆的振动，应记录桥上风力、风速、风向和温度、湿度资料，并进行分析。

（3）检查吊杆的防护层有无裂纹、破损、老化和积水，重点检查吊杆端部出口处钢管护套以及钢管护套与PE护套连接处的外观情况。检查吊杆的钢管护套有无松动、油漆脱落、锈蚀，套管顶是否密封，连接处有无渗水、漏水等。若套管破裂，吊杆可能会因雨水的渗入而受到腐蚀。

（4）拱桥的吊杆锚头及吊杆与横梁节点区密封处，运营第一年内应每半年检查一次，以后每年检查一次，发现漏水、积水和脱漆、锈蚀者，应及时处理。

（5）根据外观检查情况，适时抽检吊杆端部及减振器的防水情况和橡胶老化变质情况。

吊杆涉及桥梁的耐久性和承载能力。吊杆的养护是钢管混凝土拱桥养护工作的重点。吊杆养护的重点部位是上、下锚头处。

冷铸锚头和螺杆暴露在大气中，要注意防水、防锈，丝扣部分应经常涂润滑油防腐。应定期对吊索系统涂漆防锈，补刷防锈漆。吊杆两端锚固处及锚头、吊杆出口密封处、防护套等部位，发现有损坏时，应及时处治。

当发现锚头裂缝或破损，应更换该吊杆。

4.8.13　系杆及防护板的检查和养护维修

系杆及防护板应注意检查系杆锚头、防护罩有无锈蚀，外部油漆有无损坏，连接是否松动，防锈油脂有否向外渗漏，钢箱有无锈蚀。

系杆要避免横向冲击，注意防水、防锈。在钢管及防护罩内均应压注防锈油脂作防护。发现系杆及防护板损坏应及时处理。如发现油脂渗漏，应补注防锈油脂，并找出渗漏部位，加以堵塞。系杆锚头、锚板防护罩和滚珠轴承等应保持完好状态。混凝土防护板裂缝宽度超过0.2mm者应压浆修补。

4.8.14　钢筋混凝土及预应力混凝土梁结构的检查和养护

桥梁建成三年内每半年，其后每年应对钢筋混凝土及预应力混凝土梁进行一次结构裂缝和表面温度裂缝的观察，结构裂缝应重点检查受拉、受剪区域，表面温度裂缝应重点检查构件的较大面积。对发现的裂缝应测量其宽度和长度，记录其位置，当裂缝宽度大于0.2mm时应及时向原设计单位报告，对小于0.2mm的裂缝应及时进行封闭，并跟踪观测其变化情况。

对混凝土结构（含主桥纵、横梁和拱座处外包混凝土等）主要检查混凝土有无裂缝、渗水、表面风化、剥落、露筋和钢筋锈蚀等。在日常检查中尤以混凝土结构物的渗水、渗漏为最主要项目，并判断损坏情况。应重点检查吊杆锚头附近及横梁预应力束锚头附近有无裂缝，纵、横梁固结部分是否开裂。

在检查中若发现混凝土有开裂现象，应注意观察其发展情况，待稳定后，再根据开裂情况进行修复。如裂缝发展严重时，应查明原因，咨询专家、委托设计或科研单位，采取加固处理措施。若发现混凝土有露筋、剥落等现象，应及时修补。

钢筋混凝土及预应力混凝土结构发生混凝土剥落、露筋等现象时，应及时清除钢筋锈迹，凿去表面松动的混凝土后进行修补。对损坏面积较大的结构，凿除混凝土后不得明显降低结构的承载力，必要时宜采用分批修补。

当预应力混凝土构件锚固端的封端混凝土出现裂缝、剥落、渗漏、穿孔、预应力锚具暴露时，应及时对预应力锚具刷防锈漆，重做封端混凝土。

钢筋混凝土及预应力混凝土桥梁构件出现明显的损伤或产生明显的变形、移位，应依据特殊检测评估做设计，进行修复或加固。

钢筋混凝土及预应力混凝土桥梁的主梁挠度超过规定允许值时，应进行结构评估，并提出加固措施。

主拱券强度或刚度不足时，应进行加固。

拱券、拱波混凝土开裂超过允许最大裂缝宽度时，应进行加固。

不得擅自在钢筋混凝土、预应力混凝土构件上钻孔打眼及架设其他构件。

钢筋混凝土、预应力混凝土外刷涂料不得封闭裂缝、覆盖检查观测点，影响养护维修；涂刷材料不得影响构件耐久性。

4.8.15 拱座的检查和养护

桥梁建成三年内，每季度选择季平均最高和最低气温对拱座位移、沉降进行观测，并做好记录；第四年起，每年选择年平均最高和最低气温对拱座位移、沉降进行观测，并做好记录，发现位移、沉降异常时应及时报告。

桥梁建成一年内每半年，其后每年应对拱座混凝土进行一次裂缝观测，对发现的裂缝应测量其宽度和长度，记录其位置。当裂缝宽度大于 0.2mm 或拱座混凝土出现龟裂等病害时，应及时向原设计单位和主管部门报告；对宽度小于 0.2mm 的裂缝及时进行封闭，并跟踪观测其变化情况。

在拱座与裸露的钢管混凝土交界段以上露出的钢管表面，若涂层出现褶皱、龟裂，在排除涂层质量、气温、老化等原因外，宜再将包裹混凝土向上延长。

若拱座的外包混凝土出现褶皱、龟裂、裂纹，当无明显变形时，可暂用水泥砂浆涂抹，加强观察，分析原因，待稳定后再根据情况进行修复（如压浆、封闭或凿除裂损部分进行修复）。

对拱座处的积水要及时排除，保持清洁干燥。

每年冬夏来临之前，对裸管段与有外包混凝土管段的交界处要涂厚油脂。

4.8.16　涂装工程的检查与养护维修

钢构件油漆每年秋末冬初气候干燥时全面检查一遍，养护维修的目标是：找锈补漆，要重点注意板边容易积水的部位，发现锈蚀斑点要用砂布打磨干净，用原来配套油漆补修，注意补修层面的平顺，检查结果作为次年养护计划的内容项目，由于“找锈补漆”是细小分散的性质，应该是边检查边修补随时进行。

涂装工程养护维修的目标是：每隔 5 年一小修，15 年一大修，每年一次全面检查，进行局部补修。

钢构件油漆工作应在天气干燥和温暖季节（不低于5℃）进行。油漆时的气温应与被漆钢构件表面温度相近。风沙大、雾天、雨天及表面潮湿的钢构件不应进行油漆。

每隔5年一小修是针对钢箱梁外表面油漆涂装而言，在每年一次全面检查的基础上评价油漆涂装的质量情况，根据涂装施工的劳力情况，将全部钢箱梁外表面油漆分2年或1年进行打磨清洗重新喷涂表层油漆一次，涂膜厚度达到40～50μm即可。

涂膜表层用高压水（3～4kg/cm^2）打磨和细砂混合体喷刷，以清除原油漆表层油污为主，也可用麻布夹湿砂手洗，然后用清水冲洗，待表面干燥后即可进行油漆涂装。

钢箱梁内部涂装，每年进行一次全面检查，原则上每10年进行2次小修，养护要求与箱梁外表层同样处理。

钢箱梁外表面油漆涂装原则上以每15年进行一次大修，大修的要求：彻底喷砂达到Sa3.0级，然后按原涂装设计层次喷涂，如有更好的油漆品种上市，即应采用新的品种喷涂。

钢箱梁内部油漆涂装，原则以每20～25年进行一次大修为宜，大修过程中要对压重块做一次揭开检查。在搬移除锈过程中要保证对箱梁压重效应不变（事前要与设计部门取得联系）。

涂装工程的检查与养护除上述制订大的原则性要求外，主要难度是结构凸出的边缘（如风嘴的棱角、板边漆膜容易锈蚀、没有完全密闭的闭口结构），这些部位要加强观察，尽可能地设法使之透风干燥，如桥面灯柱的电缆槽道。要经常注意桥面车辆滴漏情况，如遇酸碱化学液体滴漏时，要进行处理。

钢结构、钢梁等应进行保护涂装，涂装应与景观适应，美化涂装应保护钢结构不生锈。

运营中钢梁保护涂装发生起泡、裂纹或脱落的面积达到10%时，应进行整孔、整桥重新涂装。

局部涂装或整孔、整桥重新涂装用涂料，应与原桥用涂料一致，更换新品种涂装，应将旧涂层清除干净，新旧涂料化学性能应一致。

涂膜维护涂装时，应按要求对局部风化部位进行清理，按原涂装体系逐层进行涂装，新旧涂层间应有50～80mm过渡带，局部修理时干膜总厚度不应小于原涂装干膜的厚度。

第 5 章　养护安全保证

桥梁养护作业必须贯彻“安全第一、预防为主”的方针，杜绝各种事故的发生。

5.1　桥梁检查作业安全

5.1.1　桥梁检查施工作业

（1）必须在检查车辆停放后，准备好全部维护设施才能上桥作业，包括导向牌 1 块、施工牌 1 块、40 码限速牌 1 块（间隔 5m）、大量的红白锥形帽；人行道破损维修时要把养护作业区域进行施工维护后再进行养护作业，一般维护设施为导向牌 1 块、施工牌 1 块、40 码限速牌 1 块、大量的红白锥形帽。

（2）现场作业人员必须身穿工作服、反光背心，头戴安全帽。

（3）来到现场后，派专人指挥交通，并在确保安全的情况下迅速将维护设施安放到位。

（4）在道板维修作业时，在作业区域附近不影响交通的位置停放工程车，该车要熄火、拉上手刹，并将挡位挂入 1 挡；其余养护作业时，在作业区域内停放工程车且车辆必须停放在养护作业施工点前 20m，该车不得熄火、拉上手刹，并将挡位挂入 1 挡。

（5）在所有维护设施到位后，派专人（施工员）用照片形式将当天维护及养护情况进行记录、保存。

（6）严格执行《车辆驾驶员安全管理制度》，不发生有责安全事故。

5.1.2　桥梁检查登高车作业

（1）必须在准备好全部维护设施后进行作业。维护设施包括导向牌 1 块、施工牌 1 块、限速牌 1 块（间隔 5m）、大量的红白锥形帽。

（2）现场作业人员必须身穿工作服、反光背心，头戴安全帽。

（3）来到现场后，派专人指挥交通，并在确保安全的情况下迅速将维护设施安放到位。

（4）由于桥下交通情况复杂，摆放维护设施时需注意交通引导，警示牌放置在视野良好的位置，防止被桥墩、绿化等遮挡造成隐患。

（5）在所有维护设施到位后，派专人（登高车驾驶员）用照片形式将当天维护设施情况进行记录、保存。

（6）严格执行《车辆驾驶员安全管理制度》，不发生有责安全事故。

（7）由于登高车支腿展开需要空间，维护设施摆放范围要求横向 4m 以上。

（8）登高车使用时要求至少配备 2 名操作人员，1 名在工作斗内操作，另 1 名在操作台辅助操作以应付突发事件。

（9）工作斗内作业人员必须佩戴安全带，作业时不得随意攀爬工作斗护栏，不得随意抛洒杂物。

5.2 桥梁养护安全作业

5.2.1 一般养护安全施工作业

(1) 必须在养护车辆停放后，准备好全部维护设施才能上桥作业，包括导向牌 1 块、施工牌 1 块、40 码限速牌 1 块（间隔 5m）、大量的红白锥形帽；人行道破损维修时要把养护作业区域进行施工维护后再进行养护作业，一般维护设施为导向牌 1 块、施工牌 1 块、40 码限速牌 1 块、大量的红白锥形帽。其他养护作业时必须在养护车辆停放后，准备好全部维护设施才能上桥作业，包括导向牌 2 块，施工牌 2 块，60 码、40 码限速牌各 1 块（间隔 5m）、大量的红白锥形帽（图 5-1）。

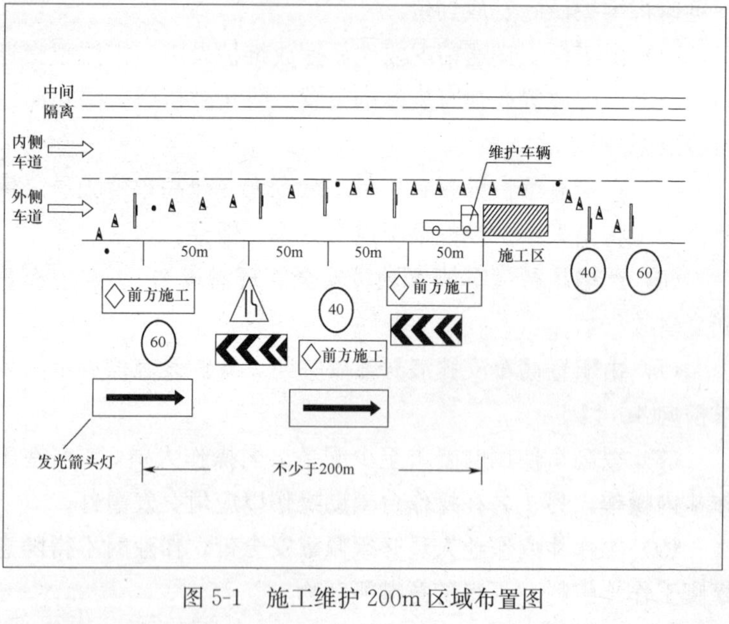

图 5-1 施工维护 200m 区域布置图

（2）现场作业人员必须身穿工作服、反光背心，头戴安全帽。

（3）来到现场后，派专人指挥交通，并在确保安全的情况下迅速将维护设施安放到位。

（4）在道板维修作业时，在作业区域附近不影响交通的位置停放工程车，该车要熄火、拉上手刹，并将挡位挂入 1 挡；其余养护作业时，在作业区域内停放工程车且车辆必须停放在养护作业施工点前 20m，该车不得熄火、拉上手刹，并将挡位挂入 1 挡。

（5）在所有维护设施到位后，派专人（施工员）用照片形式将当天维护及养护情况进行记录、保存。

（6）严格执行《车辆驾驶员安全管理制度》，不发生有责安全事故。

5.2.2 登高车作业

（1）必须在准备好全部维护设施后进行作业，包括导向牌 1 块、施工牌 1 块、限速牌 1 块（间隔 5m）、大量的红白锥形帽。

（2）现场作业人员必须身穿工作服、反光背心，头戴安全帽。

（3）来到现场后，派专人指挥交通，并在确保安全的情况下迅速将维护设施安放到位。

（4）由于桥下交通情况复杂，维护设施摆放时需注意交通引导，警示牌放置在视野良好的位置，防止被桥墩、绿化等遮挡造成隐患。

（5）在所有维护设施到位后，派专人（登高车驾驶员）用照片形式将当天维护情况进行记录、保存。

（6）严格执行《车辆驾驶员安全管理制度》，不发生有责安全事故。

（7）由于登高车支腿展开需要空间，维护摆放范围要求横向 4m 以上。

（8）登高车使用时要求至少配备 2 名操作人员，1 名在工作斗内操作，另 1 名在操作台辅助操作以应付突发事件。

（9）工作斗内作业人员必须佩戴安全带，作业时不得随意攀爬工作斗护栏，不得随意抛洒杂物。

5.3 交通安全作业

养护作业按照养护的规模和要求及进行方式主要分为固定作业、局部作业、零星作业、流动作业四个部分。养护作业采用的交通控制布置方式主要划分为三类：

5.3.1 半封闭交通安全作业

半封闭交通安全作业指一个车道封闭或半幅路封闭交通的作业模式。

1. 局部作业封道要求和封道顺序

先在警告区端点前设置好前方作业等警告标志。车辆先停靠在施工车道作业面的前方 60m 处，装卸设施必须在车辆内侧，斜放交通路锥若干只，间距小于 1.5m，并与车道分隔成 30°，逐个安放，并配置有效警示灯。依次安放 40 码限速牌和导向牌各 1 块、施工牌 1 块、0 码限速牌 1 块、导向牌 2 块、施工牌 2 块（间隔 5m）。车辆停放在作业面后 30m 处，并开启导向箭头指示灯。交通路锥一直安放到施工作业面顶端边线，每只间隔1.5m，并配置有效警示灯。封道设施派专人看管，看管人员没有特殊情况必须在安全区域以内，并密切注意作业区外的车辆行驶情况。中央隔离墩移动门修复时，要在对面车道旁安放相应设施。

2. 零星作业封道要求和封道顺序

必须配备安全指示灯牌车或专用封道车作为保护。

施工作业车辆必须停在安全指示灯牌车或专用封道车前方。装卸设施、材料必须在车辆内侧。安全指示灯牌车或专用封道车的后方还需安放交通路锥5～10只，40码限速标志、施工标志和导向牌。在作业区域边线安放5～10只交通路锥，夜间交通路锥上要有有效警示灯，车辆要开启双跳灯，如需要向前方移动，必须做到确保安全，逐步移动安全设施，施工人员不得走出施工作业区域。施工、抢险时必须由专人观望、指挥。

5.3.2　不封闭交通流动安全作业

不封闭交通流动安全作业指的是一些不能采取封闭交通的作业，如清扫车、洒水车、冲水车、垃圾清运车、道路清洗车、融雪车等施工车辆的行驶作业。养护作业的清扫车、牵引车、洒水车、冲水车、工程车等施工车辆必须设置导向箭头指示灯或醒目的警示灯。作业时必须开启示宽灯以及导向箭头指示灯或警示灯。作业时，车辆限速行驶，清扫车限速5～10km/h，牵引车限速20km/h，洒水车限速5～10km/h，冲水车限速5～10km/h，养护工程车限速20km/h。车辆不得随意变道、调头、倒车和逆向行驶。一般不允许作业人员下车，如有特殊情况作业人员需下车时，车辆必须停靠防撞墙或隔离墩内侧。

作业人员必须在车辆前方内侧作业，必须特别加强自我保护意识，严禁随意走动。车辆不准违章超载。作业过程中需调换用具及检修车辆等，必须尽可能驶回养护基地，若必须在快速路桥面上进行时，应停在斑马线上进行操作并做好周边防护措施。

5.3.3 全封闭交通安全作业

车辆在停靠在右侧防撞墙边，装卸封道设施必须在车辆内侧，斜放交通路锥若干只，与车道线成30°～45°，每只间隔应小于1.5m，由行车方向右侧隔离护栏到安全岛斑马线顶端，逐个安放，并配有有效警示灯。依次安放禁令牌、导向牌、施工标牌。封道设施必须派专人看管，看管人员没有特殊情况必须在控制区以内的安全区域，并密切注意作业区外的车辆行驶情况。封道完毕后，方可施工作业。作业人员撤退后，方可收回封道设施，顺序为后放的先收，先放的后收。

进入快速路的下匝道旁主道警告区封道要求和封道顺序。先在警告区端点前设置好前方作业等警告标志。封道车辆必须先停靠在离控制区域60～100m处的中心隔离墩边的快车道上，装卸封道设施必须在车辆内侧，封道人员必须在车辆前方，斜放交通路锥8～10只，并与中央隔离墩成30°，每只间隔小于1.5m，逐个安放，并配有有效警示灯。依次安放禁令牌、导向牌、施工牌。车辆停放在控制区域内，并打开导向箭头指示灯。封道设施必须派专人看管，看管人员没有特殊情况必须在控制区以内的安全区域，并密切注意作业区外的车辆行驶情况。封道完毕后，方可施工作业。作业人员撤退后，方可收回封道设施，顺序为后放的先收，先放的后收。

5.4 安全生产操作规程

5.4.1 桥梁养护工人安全操作

(1) 出工前应穿戴反光背心和安全帽，并检查和带好各自的劳动工具。

(2) 工人随车出工时，要按规定乘坐，放置好随身工具，严禁在车上谈笑、戏闹，车辆未停稳时严禁跳车、扒车。

(3) 遵守劳动纪律，不在作业中打闹、戏耍，随时注意来往车辆及行人动态，做好自身安全防范工作。雨天做好防雷安全，不在大树下躲雨。

(4) 有权拒绝违章指挥、违章操作、违反劳动纪律的指令。

(5) 发生工伤事故时，立即抢救伤者，并保护现场，同时向上级领导报告。

5.4.2 电工安全操作

(1) 认真学习掌握电气知识和国家有关电气安全规范、操作规程，持证上岗，使用自备电源发电时，应严格执行《柴油发电机运行安全操作规程》的规定。

(2) 熟练掌握消防灭火器材使用常识，严格执行电气安全操作规程和电气设备消防安全管理制度。

(3) 上岗作业应戴安全帽，系安全带，并在工作前对保险带、登高用具（登高板、竹梯等）使用是否安全做严格检查。

(4) 上下传递工件必须使用绳索，严禁抛掷。

(5) 有高、低同杆架设时，需检查与高压线的距离，并采取严格的防止误碰措施。

(6) 在低压带电导线未采取绝缘措施时，严禁穿越。

(7) 上岗前应分清火线、地线，选好工作位置。断开导线应先断火线，后断地线；搭接导线应先接地线后接火线。

(8) 在检修设备和线路时，需断开各方面电源，并取下熔丝，在闸刀把手上悬挂相应的标示牌。

(9) 带电工作时，需专人监护，穿长袖工作服，戴安全帽，使用绝缘工具，站在干燥绝缘的物体上进行。严禁使用锉刀、金属尺或带有金属物的毛刷、毛掸等工具。

(10) 雷电时，禁止进行检修、带电作业和试验电气设备。

(11) 严禁约时停送电。

(12) 工作时严禁喝酒，严禁穿短袖衣、裤和拖鞋。

(13) 严禁带负荷拉、合闸。

(14) 严禁私拉乱接及私自转供电。

(15) 电流互感器二次侧严禁开路。

(16) 电流互感器二次侧严禁短路。

(17) 使用万用表注意测量的范围。

(18) 使用钳形电流表需戴绝缘手套，并站在干燥绝缘垫上。挡位量程由大到小进行测量。

(19) 使用摇表，测量用导线严禁缠绕，报测设备需从各方面断开并严禁他人接近。测量完毕，需对地放电。雷电时严禁测量线路绝缘。

(20) 电气设备着火时应迅速切断相关电源，对注油设备使用泡沫灭火器或干燥黄沙灭火，对其他设备使用干式灭火器灭火。

(21) 严禁自发电与电力局常供电混合使用。

（22）在检修带有电容器的电气设备时，应先将电容器放电。

（23）电气设备和线路要定期检修，发现有可能引起火花、短路等状况时，必须立即修理以消除隐患。

5.4.3 机动车驾驶员安全操作

（1）机动车驾驶员必须经过专业培训，并经有关部门考核合格发给证件，方准单独驾驶，严禁无证驾驶。驾驶车辆时应随身携带各种车辆行驶的证件，以便接受有关人员检查。

（2）在驾驶车辆时，应遵守《道路交通安全法》，服从交通管理人员的指挥，严禁酒后驾车、超限超速行驶，不在行驶中谈笑、吸烟。

（3）加强车辆维护保养，保障车辆技术状况良好。出车前要认真检查水箱、油料、轮胎气压，要保证制动、转向、灯光、喇叭、雨刮良好、齐全，不带故障行驶。

（4）行驶中做到礼让三先（先停、先慢、先让），做到"宁停三分，不抢一秒"，超车时要先鸣喇叭等对方减速礼让后再超车。

（5）服从调度，按指定路线、时间执行任务。未经调度私自用车发生事故，由驾驶人员负责经济赔偿。

5.4.4 起重机安全操作

1. 起重机司机

（1）起重机司机经过专门训练，并经有关部门考核合格，发给合格证，方准上岗操作，严禁无证人员操作起重设备。

（2）进行起重作业前，起重机司机必须检查各部装置是否正常，钢缆是否符合安全规定，制动器、液压装置和安全装置是否齐全、可靠、灵敏，严禁起重机各工作部件带故障运行。

（3）起重机司机必须与指挥人员密切配合，服从指挥人员的信号指挥。操作前必须先鸣喇叭。如发现指挥信号不清或错误时，司机有权拒绝执行；工作中，司机对任何人发出的紧急停车信号，必须立即服从，待消除不安全因素后，方能继续工作。

（4）起重机只能垂直吊起载荷，严禁拖拽尚未离地的载荷，要避免侧载。

（5）起重机在进行满负荷起吊时，禁止同时用两种或两种以上的操作动作。起重吊臂的左右旋转角度都不能超过 45°，严禁斜吊、拉吊和快速升降。严禁吊拔埋入地面的物件，严禁强行吊拉吸贴于地面的面积较大的物体。

（6）起重机在带电线路附近工作时，应与其保持安全距离，在最大回转范围内，允许与输电线路的安全距离应符合有关规定，雨雾天气时安全距离应加大至正常天气时的 1.5 倍以上。起重机在输电线路下通过时，必须将吊臂放下。

（7）起重机严禁超载使用，如果用两台起重机同时起吊同一重物，必须服从专人的统一指挥，两机的升降速度要保持相等，其物件的重量不得超过两机所允许的总起重量的 75%。绑扎吊索时，要注意负荷的分配，每机分担的负荷不能超过所允许最大起重量的 80%。

（8）起重机在工作时，吊钩与滑轮之间应保持一定的距离，防止卷扬过限把钢缆拉断或吊臂后翻。在吊臂全伸变幅至最大仰角并吊钩降至最低位置时，卷扬机滚筒上的钢缆应至少保留 3 匝以上。

（9）工作时吊臂仰角不得小于 30°，起重机在吊有载荷的情况下应尽量避免吊臂的变幅，绝对禁止在吊荷停稳妥前变换操作杆。

（10）起重机在工作时，严禁进行检修和调整。

（11）停工或休息时，不准将吊物悬挂在空中。

（12）工作完毕，吊钩和吊臂应放在规定的稳妥位置，并将所有控制手柄放至中位。

2. 指挥人员

（1）指挥信号要事先向起重机司机交代清楚，如遇操作过程中司机看不清指挥信号时，应设中转助手，准确传递信号。

（2）指挥手势要清晰，信号要明确，不准戴手套指挥。

（3）起吊物件，应先检查捆缚是否牢固，绳索经过有棱角、快口处应设衬垫，吊位重心要准确，不许物件在受力后产生扭、曲、沉、斜等现象。

（4）当起重机司机因物件超重拒绝起吊时，指挥人员应采取措施，设法减轻起重机超重负荷，严禁强行指挥起重机超负荷作业。

5.4.5 混凝土切割机安全操作

（1）使用前，应检查并确认电动机、电缆线均正常，保护接地良好，防护装置安全有效，锯片选用符合要求，安装正确。

（2）启动后，应空载运转，检查并确认锯片运转方向正确，升降机构灵活，运转中无异常、异响，一切正常后方可作业。

（3）操作人员应双手按紧工件，均匀送料，在推进切割机时，不得用力过猛，操作时不得戴手套。

（4）切割厚度应按机械出厂铭牌规定进行，不得超厚切割。

（5）加工件送到与锯片相距300mm处或切割小块料时，

应使用专用工具送料，不得直接用手推料。

（6）作业中，当工件发生冲击、跳动及异常声响时，应立即停机检查，排除故障后方可继续作业。

（7）严禁在运转中检查、维修各部件。锯台上和构件锯缝中的碎屑应采用专用工具及时清除，不得用手拣拾或抹拭。

（8）作业后，应清洗机身，擦干锯片，排放水箱余水，收回电缆线，并存放在干燥、通风处。

5.4.6 钢筋切断机安全操作

（1）切断机四周应有足够的钢筋堆放场地。

（2）转动的部件应有防护罩。

（3）需检查刀片有无裂纹，刀片固定螺钉是否紧固。

（4）不准用两手分别握住钢筋的两端剪切，只准用手握住靠身体一端的钢筋。

（5）工作时用双手握住钢筋，对准刀口，待上刀片下来觉得压手时，立即用力压住钢筋，防止尾端翘起伤人。

（6）禁止切断直径超过机械规定的钢筋和烧红的钢筋，多根钢筋同时切断时，必须换算钢筋的截面，及时调整刀片，以防止发生意外。

（7）切断低合金钢筋时，应换高硬度刀片。

（8）切断短料时，手握一端的长度不得小于 40cm，手与刀片的距离，应保持在 15cm 以上。

（9）切断较长钢筋时，应有专人帮扶钢筋，帮扶人与操作人动作一致，并听其指挥，不得任意拖拉。

（10）机械运转中严禁用手清理刀口附近的杂物，现场禁止闲杂人员逗留。

（11）发现刀片歪斜异常现象，应立即断电检修。

5.4.7　风动凿岩机安全操作

(1) 凿岩前检查各部件（包括凿岩机、支架或凿岩台车）的完整性和转动情况，加注必要的润滑油，检查风路、水路是否畅通，各连接接头是否牢固。

(2) 工作面附近进行敲帮问顶，即检查工作面附近顶板及二帮有无活石、松石，并做必要的处理。

(3) 工作面平整的炮眼位置，要事先捣平才许凿岩，防止打滑或炮眼移位。

(4) 严禁打干眼，要坚持湿式凿岩，操作时先开水、后开风，停钻时先关风、后关水。开眼时先低速运转，待钻进一定深度后再全速钻进。

(5) 钻眼时，扶钎人员不准戴手套。

(6) 使用气腿钻眼时，要注意站立姿势和位置，绝不能靠身体加压，更不能站立在凿岩机前方钎杆下，以防断钎伤人。

(7) 凿岩中如果有不正常声音，或排粉出水不正常时，应停机检查，找出原因并消除后，才能继续钻进。

(8) 退出凿岩机或更换钎杆时，凿岩机可慢速运转，切实注意凿岩机钢钎位置，避免钎杆自动脱落伤人，并及时关闭气路。

(9) 使用气腿凿岩时，要把顶尖切实顶牢，防止顶尖打滑伤人。

(10) 使用向上式凿岩机收缩支架时，须扶住钎杆，以防钎杆自动落下伤人。

5.4.8　柴油发电机组运行安全操作

1. 开机前的准备工作

(1) 将附着机组的水迹、油迹和铁锈等杂物清除干净。

（2）对机组各装置全面巡视一遍，检查各连接、紧固和操纵部分是否都已装接牢固妥当，穿透式减振器（即紧固螺栓穿过底脚减振垫及底架）的螺母不得拧得过紧（即该螺母旋至与底脚刚接触的位置为止，此时两个螺母必须相互锁紧，以防松脱），否则会使减振失效。

（3）检查油箱内燃油储存量是否满足需要。

（4）检查柴油机油底壳及喷油泵、调速器内的机油量是否足够。

（5）向水箱（即散热器）注满冷却水。

（6）检查所有电气部分，各接点应牢固正确，自动空气开关应处在“断开”位置，检查蓄电池能否正常工作，并注意启动系统一般为负极搭铁。

（7）机组间断一段时间再运行时，必须先用500V兆欧表测量发电机各绕组和控制系统对地的绝缘电阻，常温下应不低于2MΩ，若绝缘电阻低于上述数值，必须进行干燥处理。

2. 开机步骤

（1）拧松喷油泵上的放气螺钉，用燃油手泵排除燃油系统内的空气，同时将调整控制手柄固定在适宜启动转速的油门位置。

（2）按下启动按钮，使柴油机启动，如10s（最多15s）柴油机仍不能着火启动，则应待1min后再做第二次启动，若连续三次仍无法启动，则应检查并找出故障原因。

（3）柴油机启动后，应密切注意机油压力表读数（正常运转时为2.5～3.5kg/cm^2），如机油压力表不指示，应立即停机检查，并检查电流表有无充电指示。

（4）机组启动后，空载转速逐渐增加到1000～1200r/min（注意不得长时间低速运转），进行柴油机的预热过程后，再将转速提高到额定转速。待出水温度达到55℃，机油温度达到45℃时，才允许进入全负荷运转。

（5）当机组各仪表指示正常时，即可合上负荷开关向负载送电，随着机组负荷的变化，若频率和电压不在规定范围内，应及时调整频率和电压，使其保持额定值，严禁机组在低转速情况下带负荷运行，以免损坏设备。

（6）机组投入正常运转后，应随时注意观察水温、油温、油压的变化以及功率表、频率表、电流表、电压表的读数，发现异常应及时处理。

3. 停机步骤

（1）逐渐卸去负荷，断开负荷开关。

（2）降低转速至1000r/min左右的空载状态下，让柴油机运转几分钟，待油温、水温有明显下降时，再调节调速手柄至初次启动时的位置后即可停机，最后拆除蓄电池搭铁线。

5.4.9 压路机安全操作

（1）压路机在城市道路上行驶时，应严格遵守《中华人民共和国道路交通管理条例》中的各项规定。

（2）操作人员必须持证驾机，严禁无证人员驾机。

（3）工作时严禁非机驾人员上机。

（4）作业时，压路机应先起步后才能起振，内燃机应先至于中速，然后再调至高速。

（5）变速与换向时应先停机，变速时应降低内燃机转速。

（6）严禁压路机在坚实的地面上进行振动。

（7）碾压松软路基时，应先在不振动的情况下碾压1～2遍，然后再振动碾压。

（8）碾压时，振动频率应保持一致。对可调整振动频率的压路机，应先调好振动频率后再作业，不得在没有起振情况下调整振动频率。

(9) 换向离合器、起振离合器和制动器的调整，应在主离合器脱开后进行。

(10) 上、下坡时，不得使用快速挡。在急转弯时，包括铰接式振动压路机在小转弯绕圈碾压时，严禁使用快速挡。

(11) 压路机在高速行驶时不得接合振动。

(12) 停机时应先停振，然后将换向机构置于中间位置，变速器置于空挡，最后拉起手制动操纵杆，内燃机怠速运转数分钟后熄火。

(13) 其他作业要求应符合静压压路机的规定。

5.4.10 焊工安全操作

1. 电气焊工操作

(1) 电焊（气割、气焊）工须经体检、专业培训并持证上岗。工作前应穿戴好防护用品，认真检查电、气焊设备、机具的安全可靠性，对受压容器和密闭容器、管道进行操作时，要事先检查，对有毒、有害、易燃、易爆物要冲洗干净。在容器内焊割要二人轮换，一人在外监护。照明电压应低于36V。

(2) 严格执行“三级防火审批制度”。焊接场地禁止存放易燃易爆物品，按规定备有消防器材，保证足够的照明和良好的通风，严格执行“焊工十不焊割”的规定。

(3) 电焊机外壳应有效接地，接地或接零及工作回线不准搭在易燃易爆物品上，也不准接在管道和机床设备上。工作回线、电源开关应绝缘良好，把手、焊钳的绝缘要牢固，电焊机要专人保管、维修，不用时切断电源，将导线盘放整齐，安放在干燥地带，绝不能露天放置，防止温升、受潮。

（4）氧气瓶和乙炔瓶应有妥善堆放地点，周围不准有明火作业和吸烟，更不能让电焊导线或其他带电导线在气瓶上通过，要避免频繁移动。禁止易燃气体与助燃气体混放，不可与铜、银、汞及其制品接触。使用中严禁用尽瓶中剩余余气，压力要留有1～1.5表压余气。

（5）每个氧气和乙炔减压器上只许接一把割具，焊割前应检查瓶阀及管路接头处液管有无漏气，焊嘴和割嘴是否堵塞，气路是否畅通，一切正常才能点火操作。焊割时应先开适量乙炔后开少量氧气，应用专用打火机点燃，禁止用烟蒂点火，防止烧伤。

（6）每个回火防止器只允许接一个焊具或割具，在焊割过程中遇到回火应立即关闭焊割具上的乙炔调节阀门，再关闭氧气调节阀门，稍后再打开氧气调节阀门吹掉余温。

（7）严禁同时开启氧气和乙炔调节阀门，或用手及物体堵塞焊割嘴，防止氧气倒流入乙炔发生器内发生爆炸事故。

（8）工作完成后严格检查和清除一切火种，关闭所有气瓶阀门，切断电源。

2. 点焊工操作

（1）工作前必须检查设备是否完好。水源、电源及接地线必须处于正常状态，并符合工艺要求。

（2）操作者必须戴手套。

（3）操作者应站在绝缘木台上操作，焊机开动，必须先开冷却水阀，以防焊机烧坏。

（4）操作时应戴防护眼镜，操作者视线必须偏于火花飞溅的方向，以防灼伤眼睛。

（5）严禁用于试电极头球面。

（6）作业区附近不准有易燃易爆物品。

（7）上下工件要拿稳，工件堆放应整齐，不可堆得过高，并应留有通道。

（8）工作完成后，应关闭电源、水源。

3. 手工电弧焊工操作

（1）应掌握一般电气知识，遵守焊工一般安全规程，还应熟悉灭火技术、触电急救及人工呼吸方法。

（2）工作前应检查焊机电源线、引出线及各接线点是否良好；线路横越车行道应架空或安置保护盖；焊机二次线路及外壳必须良好接地；焊条的夹钳绝缘必须良好。

（3）雨天不准露天电焊，在潮湿地带工作时，应站在铺有绝缘物品的地方并穿好绝缘鞋。

（4）移动式电焊机从电力网上线或拆线，以及接地等工作均应由电工进行。

（5）工作时先接通电源开关，然后开启电焊机；停止时，要先关电焊机，才能拉断电源开关。

（6）移动电焊机位置，须先停机断电；焊接中突然停电，应立即关闭电焊机。

（7）在人多的地方焊接时，应安设遮栏挡住弧光；无遮挡时应提醒周围人员不要直视弧光。

（8）换焊条时应戴好手套，身体不要靠在铁板或其他导电物件上。敲焊渣时应戴上防护眼镜。

（9）焊接有色金属件时，应加强通风排毒，必要时使用过滤式防毒面具。

4. 手工气焊（割）工安全操作

（1）严格遵守一般焊工安全操作规程和有关橡胶软管、氧气瓶、乙炔瓶的安全使用规则和焊（割）具安全操作规程。

（2）工作前或停工时间较长再工作时，必须检查所有设备。乙炔瓶、氧气瓶及橡胶软管的接头，阀门紧固件应紧固牢靠，不准有松动、破损和漏气现象，氧气瓶及其附件、橡胶软管、工具不能沾染油脂和泥垢。

(3) 检查设备、附件及管路漏气情况，只准采用肥皂水试验。试验时，周围不准有明火，不准抽烟。严禁用火检查漏气情况。

(4) 氧气瓶、乙炔瓶与明火间的距离应在10m以上。如条件限制，也不准低于5m，并应采取隔离措施。

(5) 设备管道冻结时，严禁用火烤或用工具敲击冻块。氧气阀或管道要用40℃的温水融化；回火防止器及管道可用热砂、蒸汽加热解冻。

(6) 焊接场地应备有相应的消防器材，露天作业应防止阳光直射在氧气瓶或乙炔瓶上。

(7) 工作完毕或离开工作现场，要拧上气瓶的安全帽、收拾现场，把氧气瓶和乙炔瓶放在指定地点。下班时应立即卸压。

(8) 压力容器及压力表、安全阀，应按规定定期送交校验和试验。检查、调整压力器件及安全附件，消除余气后才能进行。

5.4.11 发电机安全技术操作

(1) 固定式发电机应安装在室内，底部必须安装牢固；移动式发电机在运转前应将下脚垫实平稳，并搭设防雨棚。

(2) 机体附近设置砂箱或干式灭火器等防火设备，发生火警时发电机应先停止运转后再处置警情。

(3) 发电机到配电盘或通到一切用电设备处的导线，必须绝缘良好，接头应牢固，用支柱将导线架于空中，不要拖在地上。

（4）发电机启动前，应先检查各部件状况，运转时禁止在线路上工作、用手接触高压线或进行清扫工作。

（5）检修后的发电机，在开始运转前，必须检查转子和定子之间有无工具或其他物件遗留在内。

（6）使用长期停用的发电机，应检查线圈的绝缘程度，绝缘电阻不得低于规定标准，否则必须烘干后方可使用。

（7）运转中，操作人员不得离开发电机，应注意发电机各部位的声响，留心观察仪表，发现异常时，立即停机检查，修复后方可继续工作。

（8）运转时，如要检查整流子和滑环，应穿戴绝缘手套、胶鞋，在靠近激磁机和转子、滑环的地板上加铺胶皮垫，方可进行。

（9）发电机不允许超负荷使用。

（10）配电盘应保持清洁，仪表要定期进行校验。

（11）运转时，发电机的温度不得超过厂家规定的值数，如温度过高，应停机检查，排除故障后方可继续工作。

（12）发电机所用的内燃机应按内燃机安全技术操作规程执行。

5.4.12 脚手架安全操作

1. 脚手架搭设

（1）按照规定的构造方案和尺寸进行搭设，并注意搭设顺序。

（2）及时与结构拉结或采用临时支顶，以确保搭设过程的安全。

（3）脚手板要铺满、铺平和铺稳，不得有探头板。

（4）不得使用变形的杆件和不合格的扣件（有裂纹、尺寸不合适、扣接不紧等）。

（5）没有搭设完成的脚手架，在每日收工时，一定要加设临时固定措施以确保稳定。

2. 脚手架拆除

（1）拆除脚手架，周围应设围栏或警戒标志，并设专人看管，禁止人员入内。拆除应按顺序由上而下，一步一清，不准上下同时作业。当解开与另一人有关的扣件时须先告知对方，以防坠落。

（2）拆除脚手架大横杆、剪力撑，应先拆中间扣，再拆两头扣，由中间操作人往下顺杆子。

（3）拆下的脚手杆、脚手板、钢管、扣件、钢丝绳等材料，应向下传递或用绳吊下，禁止往下投掷。

（4）遇有六级以上强风、浓雾等恶劣天气应停止作业。暴风雪及台风暴雨后，应对脚手架进行检查，发现松动、变形、损坏或脱落等现象，应立即修理完善。

5.4.13　空压机安全操作

（1）操作者应养成良好的工作习惯，严格按操作规程操作和维护机器。依据操作手册中所述的程序检查各安全装置。

（2）按照规定的时间进行维护保养，以确保开机后的正常运行。

（3）操作者应了解机器的原理、结构、性能、故障特征、产生原因和防治方法。

（4）各类安全附件（如安全阀、压力表、温度计等）必须安全有效，水、风、油管必须畅通。

（5）运转中要经常检查气压、油压、冷却水的温度及机器运行状况，做到勤看、勤听、勤记录。

(6) 停止运行后仍应连续供水一刻钟方可停水。冬期停机后须将汽缸及冷却器内的剩水全部排出。

(7) 电气系统进行工作之前，应确保使用手动断开开关能切断系统电源。

(8) 不得在高于空压机所规定的排气压力下运行空压机。

(9) 一旦有压力通过安全阀释放，必须立即查明原因。

(10) 检修机器前必须先切断电源、挂上警示牌、释放机器内气体的压力。

(11) 维护保养机器工作完成后，必须把各种盖板和罩壳重新安装好。

(12) 发现机器运转异常时应立即切断电源，并及时报告相关部门。

5.5 机械设备使用安全措施

驾驶、操作人员必须持有效证件上岗，平时应做好例行记录。养护工程车、起重机的保险、限位装置必须齐全有效。作业时，机械停放应尽可能稳固，臂杆幅度指示器应灵敏可靠。电缆线应绝缘良好，不得有接头，不得乱拖乱拉。各类机械要配挂技术性能牌和上岗操作牌。

必须执行保养制度，做好操作前、操作中和操作后设备的清洁、润滑、紧固、调整和防腐工作。严禁机械设备超负荷使用、带故障运转。机械设备夜间作业必须有足够的照明。

5.6　用电安全措施

5.6.1　现场照明

照明电线用绝缘子固定，导线不得随地拖拉，照明灯具的金属外壳必须接地或接零。室外照明灯具距地面不低于 3m，室内照明灯具距地面不低于 2.4m。

5.6.2　配电箱、开关箱

应使用 BD 型标准配电箱，配电箱内开关电器必须安全无损，接地正确，配电箱内应设置漏电保护器，并选用合理的额定漏电动作进行分级匹配。配电箱应设置熔丝、分开关，零排地排齐全，动力和照明分别设置。

5.6.3　用电管理

安装、维修或拆除临时用电工程，必须由电工完成，电工必须持证上岗，实行定期检查制度，并做好安全检查记录。

第6章　养护应急预案

6.1　总　则

6.1.1　目的

为有效应对城市桥梁可能出现的突发事件，使突发事件得到及时、有效、妥善的处置，最大限度地减少城市桥梁突发事件造成的损失，保障人民群众生命财产安全，特制定本预案。

6.1.2　编制依据

本预案编制以《中华人民共和国安全生产法》《中华人民共和国道路交通安全法》《城市道路管理条例》《建设工程质量管理条例》《建设工程安全生产管理条例》等法律法规为依据。

6.1.3　适用范围

本预案适用于管辖范围内的城市桥梁在养护、维修、检测、使用过程中出现的自然灾害、事故灾难和社会安全事件等突发事件。

6.1.4　事故分级

本预案所指各类突发事件，主要为自然灾害、交通事故、火灾、爆炸事故、化学品泄漏事故、人为蓄意破坏等引发的或由桥梁设施性能退化导致的设施损坏（包括主体结构损坏、桥面系损坏、附属设施损坏及附属管线损坏等）及由设施损坏导致的人员伤亡等事故。

突发事件分为重大事件和一般事件。

（1）重大事件：地震、爆炸、恐怖暴力活动或人为蓄意破坏等引起主体结构破坏；危险品污染或泄漏可能产生安全隐患；严重火灾、重大交通事故及各类导致人员伤亡以及其他原因造成桥梁长时间不能使用的突发事件。

（2）一般事件：交通事故、恶劣冰雪天气、关键设备故障、长时间停电及日常运行中出现的造成桥梁设施短时间不能使用的突发事件。

6.1.5　工作原则

（1）以人为本，依法规范。把保障人民群众的生命安全和身体健康作为应急工作的出发点和落脚点，最大限度地减少桥梁灾害造成的人员伤亡和危害；切实加强处置桥梁灾害安全防护，提高科学指挥的能力和水平。按照有关程序制定、修订应急预案，做到依法行政，依法实施应急预案。

（2）防治结合，预防为主。所有工作人员都有维护交通安全设施、遵守道路交通安全法律法规和提高交通安全意识的义务。

（3）整合资源，信息共享。按照降低行政成本的要求充分利用现有资源，对人员、资金、设备、物资等进行有效整合，保障应急处置工作的正常进行。加强情报信息的沟通与交流，以信息网络等为载体，建立信息服务平台，实现信息资源共享，为科学决策提供正确的依据。

（4）快速反应，密切协作。一旦发生突发事件，立即进入应急状态，启动应急预案，确保发现、报告、指挥、处置等环节紧密衔接，在最短时间内控制态势。各应急抢险小组在部门负责人的统一领导下，分工负责，互相支持，协调联动，整体作战。

6.2 预防预警机制

6.2.1 信息收集

（1）掌握周边环境和气象信息，关注气象站、水文站、地震站发布的降温、降雪、大雾、台风、暴雨、地震等天气警报，主动、及时记录气象预报，早做准备，防患于未然。

（2）掌握交通监控过程中的各类交通信息，提供车辆行驶中的情况，及时了解发生的各类事故，做到快速到位、应急处置。各信息发布部门应及时通过各种方式向社会发布道路行驶状况信息。

（3）应急调度指挥应与行业的各管理单位建立信息传递网络，以电话、传真为联系，定时传递各项预案的实施情况。事件的处置过程中要注意信息的互动，保持信息的连贯性。

（4）掌握桥梁设备设施的维修养护、状况监测等各类信息。

（5）掌握桥梁健康评测过程中的各类信息，如桥梁监测、评估的报告等。

6.2.2 预警响应

养护应急部门负责汇总、收集和研究相关信息，及时做出预报；根据上级有关部门发出的预警等级按要求实施相应等级的应急处置响应，同时按上报程序随时报告动态处置情况。

进入预警期后，应采取以下预防性措施，并及时向管理部门报告相关情况：

（1）准备或直接启动相应应急预案处置规程；

（2）必要时，向公众发布可能受到桥梁设施运行事故危害的警告和劝告；

（3）根据需要，对桥梁设施采取临时性工程措施；

（4）协同上级应急指挥小组，组织应急救援队伍和专业人员进入待命状态，并视情形动员后备人员；

（5）调集、筹措所需物资和设备；

（6）法律、法规规定的其他相关措施。

6.3 应急处置

6.3.1 信息报告

信息报送时限根据影响范围确定。发生事故后，实行首报、续报和终报制度。

首报：养护公司在立即组织应急抢险的同时，应立即向主管部门和市应急联动中心口头上报。

续报：根据应急处置的进展，养护公司应向主管部门和市应急联动中心续报处置措施、现场情况以及善后工作等情况。

终报：当事件处理完毕，养护公司应在15min内向主管部门和市应急联动中心做出书面报告，做到事故信息有报必销，确保信息传输准确、及时。

6.3.2 先期处置

养护公司在事故发生后，要根据预案规定的职责和权限启动相应工作预案，参与先期处置，并积极引导和妥善安置疏散人员与车辆，控制事态并及时向上级报告。

（1）迅速组织自救处置；

（2）现场安全控制，保证后续车辆安全距离；

（3）协助交通，指挥弃车逃生和疏散；

（4）协助公安消防，提供救援通道和需要的设备，协助现场人员抢救；

（5）协助现场勘察，提供相关资料；

（6）做好信息上报；

（7）做好现场设施设备破损统计、取证、上报工作；

（8）事后评审，修复、补充。

相关应急联动单位在事故发生后，要根据预案规定的职责和权限启动相应工作预案，参与先期处置，并积极引导和妥善安置疏散人员与车辆，控制事态并及时向上级报告。

6.3.3 信息发布

养护公司所养护设施运行事故的信息发布应当按照各市《政府信息公开规定》的有关要求，做到及时、准确、客观、全面，并根据处置情况做好后续信息发布工作。

养护公司所养护设施运行事故应急处置结束，或现场危险状态消除和得到控制，由负责决定、发布应急处置信息的机构或现场指挥机构视情形宣布解除应急状态，转入常态管理。

6.4　后期处置

6.4.1　现场清理与功能恢复

事故处置完毕后，养护公司应在应急指挥部统一调度下组织人员及设备及时对桥梁设施及周边进行清理与除障，集中力量恢复桥梁基本功能，并就事故发生处进行详细检查，收集现场资料与信息以配合事故调查分析。

6.4.2　调查与评估

事故处置完毕后，根据不同突发事件收集和汇总相关信息，按行业管理的职责提交涉及本行业范围内的调查分析、检测和后评估报告，并就事件发生的原因、影响范围和受损程度及开展应急处置工作的综合情况予以总结，按报告制度的规定提交总结报告。

6.5　应急保障

6.5.1　设备保障

在日常的运营管理中，必须配置必要的各种车辆设备，保证24h处于待命状态，以便应急处理突发紧急事件。根据桥梁的特殊情况配置皮卡车1辆、巡逻车1辆、洒水车1辆等车辆设备。

6.5.2 物资保障

按照市应急预案的有关规定，平时应配备充足的应急救援装备、物资、药品、车辆、工具材料和通信设备等；配备必要的安全、消防设备、器材，人员防护装备等。同时，还应配备如防毒面具、生石灰等碱性液体、黄沙、木屑、工业盐、草垫、橡胶套鞋、警示架、红白带、警示灯、防爆照明灯、警棍等物资材料，并备有清单。平时应确保这些物资材料保持良好状态。

应急车辆的停放地点、物资材料的堆放点、工具存放的仓库等都要有明确的位置，以便应急处置时，可按照指挥中心要求及时到位、投入使用。

6.5.3 信息保障

（1）信息共享机制。养护公司负责配合有关部门，建立健全桥梁设施运行事故信息共享机制和应急传递系统。明确现场信息采集的范围、内容、方式、方法、传输渠道和要求，以及信息分析和共享的方式、方法以及报送、反馈程序。

（2）信息报送。养护公司负责编制信息报送流程图，明确上下信息报送接口、反馈程序，做到流程封闭。

（3）信息分析和共享。养护公司应配合有关单位，建立和完善桥梁设施运行事故信息资源库，对上报的各类信息进行汇总、分析、总结，建立信息评估制度。通过信息网络等方式，实现信息共享。

6.6 监督管理

6.6.1 培训

由市城市公共设施事故应急指挥部办公室组织，会同有关部门，向成员单位培训应急指挥联动和综合处置、风险评估等内容。

养护单位应针对本专业抢险工作特点，开展以桥梁突发事故预防与应急准备、监测与预警、应急处置与救援、事后恢复与重建等为主要内容的各类培训。

6.6.2 演练

通过应急演练，培训应急队伍，落实岗位责任，熟悉应急工作的指挥机制、决策、协调和处置的程序，识别资源需求，评价应急准备状态，检验预案的可行性和改进应急预案。

根据本预案要求，定期组织相关单位开展综合性演练，检验应急队伍的综合快速反应能力，做好跨部门之间的协调配合及通信联络，确保应急状态下的有效沟通和统一指挥。

桥梁专业单位应根据自身特点，每年开展专业预案的应急演练，以提高处置本专业事故的能力。演练结束后应及时进行总结，并报市城市公共设施事故应急指挥部办公室。

6.6.3 监督检查

运行事故应急处置工作实行行政领导责任制和责任追究

制。养护公司应按各自职能，加强本预案实施过程的检查，督促有关部室采取措施，及时整改存在的问题。

6.6.4 应急联络

应建立突发事件处置应急联络通讯录，见表6-1。

表6-1 突发事件处置应急联络通讯录

姓名	职务	电话	手机

第7章 桥梁养护信息化

7.1 桥梁养护信息化系统

7.1.1 桥梁养护信息化系统建设背景

目前我国的桥梁养护现状是工作手段落后，管理系统滞后，还存在“管理手段机械化、危害记录平面化、资料管理台账化”的静态管理状态。相对于其他信息化走在前列的行业，桥梁养护手段存在较大的局限性，如桥梁巡查是路桥养护公司的常态化工作之一，也是直接发现城市基础设施病害的最主要的来源。传统模式下的巡查，由一线作业人员随机检查责任区域的城市基础设施使用情况，一旦发现病害，则向施工部门进行信息提报，施工部门接到指令后进行病害检修。此模式在执行过程中至少有以下瓶颈：

（1）缺乏固化的巡查路线，工作缺乏计划性、规范性，容易出现漏查、漏检的现象；

（2）对病害维修时限没有把控，容易造成病害长期不修的现象；

（3）缺乏监管机制，管理部门无法实时监管相关区域责任人的工作执行情况，考核无从开展；

（4）病害信息无法全面、实时记录，不利于数据的整合和分析。

综上所述，传统养护已经不能满足现阶段桥梁养护的新需求和新形势，急需采用更加科学、有效的信息化系统来管理桥梁的养护工作，为桥梁的安全运行保驾护航。利用桥梁养护信息化系统可以规范整体业务流程操作，提高运营效率，控制运营成本，提高报表水准，实现桥梁的智能化管理养护。

7.1.2 桥梁养护信息化系统简介

1. 桥梁养护信息化系统的概念

桥梁养护信息化系统是指利用 PC 端软件与手机端 APP 实现数据传递、共享，对整个养护流程进行固化，将整个养护过程通过数据进行记录并储存，从而实现系统管控、数据积累、报表分析。

桥梁养护信息化系统功能结构如图 7-1 所示。

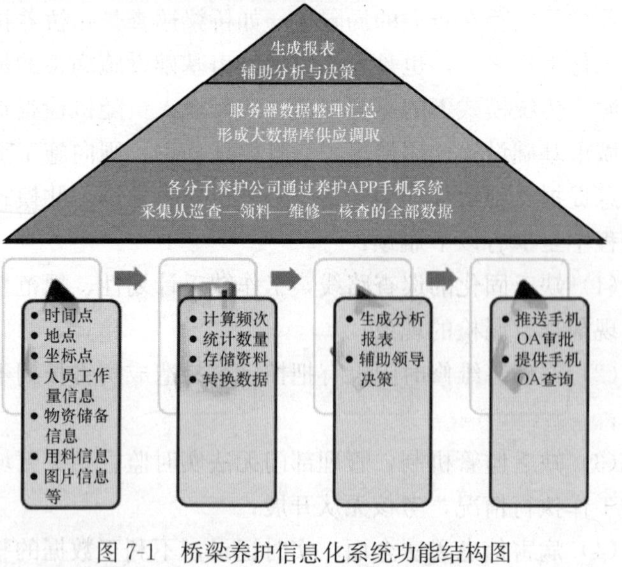

图 7-1 桥梁养护信息化系统功能结构图

2. 桥梁养护信息化系统的实现功能及应用价值

桥梁养护信息化系统的实现功能及应用价值见表 7-1。

表 7-1　桥梁养护信息化系统的实现功能及应用价值

所属模块	实现功能	应用价值
设施管理——设施信息管理	维护和管理养护设施基本信息和坐标信息	实现基础信息标准化管理，是养护管理 APP 应用的基础。通过系统报表，能够迅速、准确掌握养护设施的基本信息
病害信息管理	管理养护病害的基本信息	实现基础信息标准化管理，是养护管理病害的参考档案。根据不同的病害分类，制订不同的维修时限，系统根据病害发现时间和维修时间自动计算维修完成时间，作为维修时效考核的依据
设施维护管理——巡检计划	根据管理需求维护巡检计划、巡检人员、巡检周期	根据管理要求，由系统维护日常巡查计划，系统根据设定的巡查周期自动生成和关闭巡查任务，通过信息化手段，实现管理制度的落地与管控
设施维修管理——病害申请	维护非手机终端上传病害；通过设置审批流程，把病害转到设施、病害对应的维修主管	通过信息系统实现病害及时、准确地流转到对应维修主管，提高工作效率。实现报表统计汇总分析不同来源的病害数量和比例
设施维修管理——维修工单	维护维修工单中的人员、物料、工具等信息，派发工单到手机端；记录病害维修的全过程	通过维修工单状态管理工单派单、维修完成、核查完成的维修过程；根据工单记录的维修完成时间，与病害计划完成时间进行比较，判断是否超期，实现 NC 系统对维修及时率的统计考核；通过材料、人工、工具费率，计算工单消耗的成本，实现维修成本的多维度统计分析；系统自动生成工作量确认单，节省内业工作量，提高工作效率

续表

所属模块	实现功能	应用价值
手机端巡查	在手机端进行巡查签到和病害上传	通过手机端 GPS 在设施点定点签到，加强人员的现场管理；病害实时拍照上传，数据在系统内自动存档，节省内业工作量，提高工作效率
手机端维修	在手机端进行维修信息收集上传	通过手机上传维修时间、维修照片的信息，根据维修时间计算人工和设备耗用成本；上传的维修照片自动进入工作量确认单
手机端核查	在手机终端实现维修核查	病害维修完成后，自动流转到巡查人员手机，提高工作效率，降低核查遗漏数量，保证养护质量；核查人员上传的核查照片自动进入工作量确认单
报表分析	巡查类报表、维修类报表分析	实现按设施、部门、时间、病害等维度准确、高效地统计分析巡查完成率、巡查明细情况、维修及时率、维修明细情况等信息，为项目立项、养护工艺改进、招投标等提供可靠依据

3. 桥梁养护信息化系统功能的实现

（1）固化桥梁周期性巡查的计划模板。系统周期性自动分派任务到指定巡查人员的手机 APP 端，巡查人员根据巡查任务到达巡查地点，会自动进行签到并上传至系统平台，避免巡查人员不到位现象；巡查发现养护问题后，现场采集病害位置、类型、照片并及时上传至平台。同时，利用 GPS 定位与地图功能，管理部门可通过可视化的方式，随时跟踪和监督每位巡查人员的工作动向、实际巡查路线以及是否按时完成巡查等，提升了对巡查人员工作效率和有效性的考核。

（2）任务单生成实现自动化。现场病害上传至平台后，平台自动提醒主管负责人下发维修单，派遣维修人员进行养护处理；维修人员凭借手机APP的派单信息向仓库领取所需材料和设备，并根据派单信息在指定地点进行养护作业，完成后立即通过APP上传维修照片、人员、工时、用料等信息，主管负责人可及时在平台上进行查看，保证维修质量；巡查人员再根据维修信息核查养护维修情况，上传核查照片及核查结果，形成养护工作闭环。同时，系统根据不同的病害分类制定不同的维修时限，根据病害发现时间和维修时间自动计算维修完成时间，作为维修时效考核的依据。

（3）自动生成各类报表，并方便查询。

① 巡查情况统计表：该表进行各部门每日巡查计划任务数、实际完成数、未完成数及完成率的统计，实现了工作的监管。同时，此报表支持按分公司、部门和日期条件进行信息筛选查询。

② 巡查情况明细表：该表提供设施名称、设施类别、管理部门、应检日期、设施实时是否有未处理病害、未处理病害数量、巡查人员以及巡查周期等信息。通过该表可查询具体哪些设施已经完成巡查，哪几座设施没有完成巡查或者正在巡查。

③ 维修明细表：该表可提供每个案卷的详细信息的查询，包括：设施名称、设施管理部门、病害位置、病害分类、病害名称、病害范围、病害计量单位、首次发现病害时间、病害维修时限、维修开始时间、实际修复时间、超期时间和超期次数等，超期案卷通过亮红灯的方式作为异常显示。

④ 维修工程量确认单：在完成每项养护工作后，系统自动生成维修工程量确认单，以便实现工程量统计和成本核算的功能。

7.1.3 桥梁养护信息化系统的作用和意义

桥梁养护信息化系统实现了各类标准化体系的建立，收集包括养护工作中各个时间点、地点、坐标点、人员工作量信息，物资储备信息，用料信息，图片信息等。相关负责人在开通权限后均可在系统平台上查看每个步骤完成情况，通过报表系统汇总统计查看病害出现频率、维修频率等，可以有效提高日常养护作业的管理能力。桥梁养护信息化系统实现了对现场工作、现场人员的实时跟踪、实时督查、实时考核，同时实现了数据实时上传，提高了部门间的协作效率，缩减了中间信息处理环节，提高了工作效率，减少了内业工作量。

在互联网迅速发展的今天，桥梁养护部门应结合桥梁养护与维修工作实际，积极构建合理的桥梁养护信息化系统，不断提高桥梁养护及维修管理工作信息化水平。

桥梁养护信息化系统手机端 APP 界面如图 7-2 所示，PC 端界面如图 7-3 所示。

(a) (b)

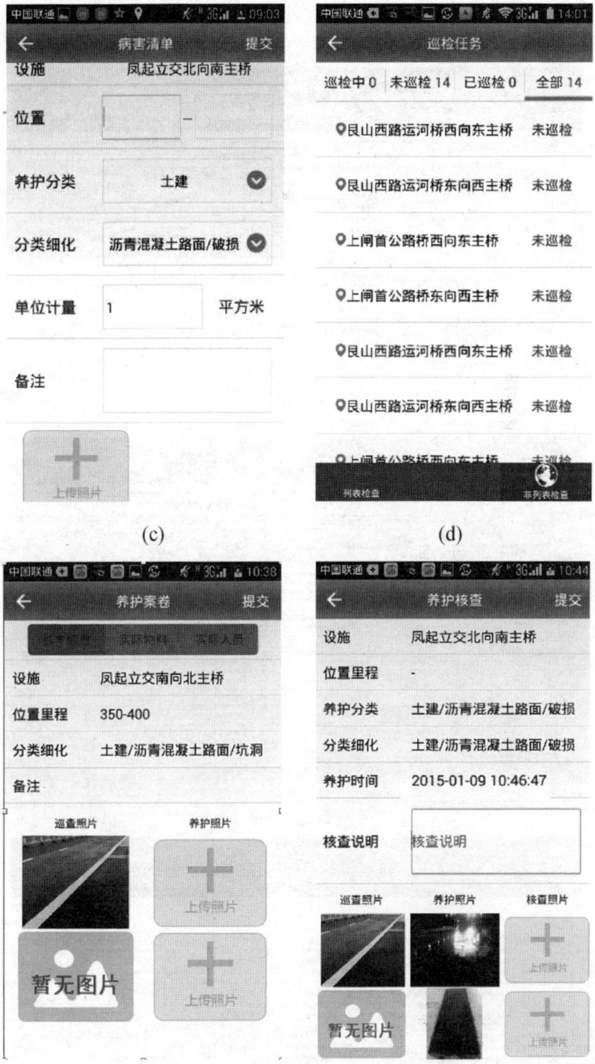

(e)　　　　　　　　　　(f)

图 7-2　手机端 APP 界面展示

(a) 首页界面；(b) 定点签到；(c) 病害上传；

(d) 巡检情况；(e) 养护维修；(f) 养护核查

	日期	部门	计划完成数	完成数	未完成数	完成率
3	2015-05-04	照明养护公司	7.00	7.00	0.00	100.00%
4		高架养护公司（高架快速路）	138.00	136.00	2.00	98.55%
5		隧道养护公司（西区）	20.00	20.00	0.00	100.00%
6		桥梁泵站养护公司	56.00	56.00	0.00	100.00%
7		通道天桥养护公司	47.00	47.00	0.00	100.00%
8	2015-05-05	隧道养护公司（东区）	3.00	3.00	0.00	100.00%
9		高架养护公司（高架快速路）	147.00	145.00	2.00	98.64%
10		隧道养护公司（西区）	20.00	20.00	0.00	100.00%
11		照明养护公司	7.00	7.00	0.00	100.00%
12		隧道养护公司（东区）	3.00	3.00	0.00	100.00%
13		通道天桥养护公司	47.00	47.00	0.00	100.00%
14		桥梁泵站养护公司	37.00	37.00	0.00	100.00%
15	2015-05-06	通道天桥养护公司	47.00	47.00	0.00	100.00%
16		高架养护公司（高架快速路）	147.00	107.00	40.00	72.79%
17		桥梁泵站养护公司	49.00	0.00	49.00	0.00%
18		隧道养护公司（西区）	20.00	20.00	0.00	100.00%
19		隧道养护公司（东区）	3.00	3.00	0.00	100.00%
20		照明养护公司	7.00	7.00	0.00	100.00%

(a)

(b)

(c)

养护作业确认单

<table>
<tr><td>设施名称</td><td>秋石三期01标北向南主桥</td><td>养护单位</td><td colspan="2">杭州市路桥集团股份有限公司</td><td>确认单编号</td><td>WO1808080248</td></tr>
<tr><td>详细地址</td><td colspan="4">162墩-</td><td>发现时间</td><td>2018-08-07</td></tr>
<tr><td>存在问题</td><td colspan="4">土建/沥青混凝土路面/坑洞</td><td>作业时间</td><td>2018-08-09</td></tr>
<tr><td>养护内容</td><td colspan="2">病害养护</td><td>工程量</td><td>1</td><td>单位</td><td>平方米</td></tr>
<tr><td rowspan="5">照片</td><td colspan="2">作业前</td><td colspan="2">作业中</td><td colspan="2">作业后</td></tr>
<tr><td colspan="2"></td><td colspan="2"></td><td colspan="2"></td></tr>
<tr><td colspan="2">照片1</td><td colspan="2">照片3</td><td colspan="2">照片5</td></tr>
<tr><td colspan="2"></td><td colspan="2"></td><td colspan="2"></td></tr>
<tr><td colspan="2">照片2</td><td colspan="2">照片4</td><td colspan="2">照片6</td></tr>
<tr><td colspan="2">人员配置</td><td colspan="5">1名管理员，4名工人，2名驾驶员</td></tr>
<tr><td colspan="2">作业时间段</td><td colspan="5">22:00-次日05:00</td></tr>
<tr><td colspan="2">车辆设备及维护设施设置</td><td colspan="5">2辆五十铃，300个锥形帽，6块牌子</td></tr>
<tr><td colspan="2">材料消耗</td><td colspan="5">沥青100kg，灌封贴3m</td></tr>
<tr><td>巡查人员</td><td colspan="2">作业人员</td><td colspan="2">核查人员</td><td colspan="2">部门负责人</td></tr>
<tr><td></td><td colspan="2"></td><td colspan="2"></td><td colspan="2"></td></tr>
</table>

(d)

图 7-3　PC 端界面展示

(a) 巡查情况统计表；(b) 巡查明细表；(c) 维修报表；(d) 养护作业确认单

7.2 BIM 技术在桥梁养护中的应用

7.2.1 BIM 技术的概念

美国国家建筑科学院对 BIM 的定义较为全面，认为 BIM 既可以是建筑信息模型（Building Information Model），也可以被理解为建筑信息建模（Building Information Modeling）。张建平教授曾引用美国国家标准技术研究院对 BIM 定义，在国内得到普遍认可，认为 BIM 是以三维数字技术为基础，集成了建筑工程项目各种相关信息的工程数据模型，是对工程项目设施实体与功能特性的数字化表达。虽然对 BIM 的定义，各个机构组织、国内外专家并未统一，但基本可以把 BIM 定义为既包括建筑模型结果，又包含建筑建模过程的一个“动名词”。因此，本书参考各家意见，认为 BIM 是利用一个包含了建设项目物理特性与功能特性的数字模型，并考虑该模型的信息共享和互用性技术服务于建设项目的全生命周期的决策与分析。

7.2.2 传统模式下桥梁养护管理中的不足

在桥梁整个生命周期的管理中，养护管理是一个重要环节，在很大程度上决定了桥梁的使用寿命。在既有桥梁的养护管理中，传统模式的主要问题体现在：第一，既有桥梁的运营和维护时间有较大的跨度，桥梁有比较多的构件，而且较为复杂，桥梁的设计、具体施工、运营维护都是由不同的单位负责，桥梁设计阶段和施工阶段的信息不能运用到运营和维护阶段，造成桥梁故障分析出现滞后，无法及时维修桥梁出现的故障。第二，监测既有桥梁若是只依靠人工方式巡检，不能实现实时监测，同时监测浅层化。人工方式巡检使用肉眼对结构问题进行识别，或借助传感器实施结构监测，将监测信息手动存储到文档中，无法集成信息。这种运营维护管理模式较为烦琐，其效率也不高，且会有较高的出错率。第三，传统模式的运营维护和管理达不到可视化，无法在三维视图中直观显示故障部位，不能实时定位构件、设备，不能预测桥梁的健康趋势。

7.2.3　BIM 技术在桥梁养护管理中的优势

在既有桥梁的养护管理中应用 BIM 技术，其主要优势是：第一，能达到桥梁养护管理的基本要求，共享设计、桥梁施工与养护管理的信息，使桥梁全生命周期信息准确度得到提升，提供给各方人员进行管理的便捷平台，使养护管理的效率得到有效提升。第二，以 BIM 技术为基础开展桥梁的养护管理，能达到可视化监测，在 BIM 桥梁养护模型中集中了结构软件、人工巡检和其他的监测信息，能直接预测桥梁未来发展的健康趋势，在监测中可观察桥梁的薄弱环节，明确需要重点监测的对象。第三，在桥梁的养护管理中，BIM 技术也能在变更工程、动态改变信息资源和交互信息等方面实现可视化，能让养护管理既有桥梁的设计单位、管理单位和施工单位很方便地开展协同化构建与管理。

7.2.4　基于 BIM 技术的桥梁监测系统的搭建

基于 BIM 技术的桥梁监测系统集数据采集、数据传输、数据分析、综合评估与预警等功能为一体。根据桥梁结构特点，以及桥梁预警、管养与评估决策方面的要求，该系统可由下列五大子系统组成：

1. 传感器子系统

传感器子系统包括桥梁的结构变形，如桥面的具体技术要求如下。

（1）根据BIM技术中实景建模技术真实地呈现桥梁的周边自然地理环境，通过软件快速三维建模，观察桥面是否存在较大病害，通过控制点测量桥墩、桥台等关键结构是否存在偏移和下陷等变化，以此来确定监测内容及选择传感器的测点布置。

（2）通过Bentley Context Capture软件来实现结构物和周边环境的实景建模。该软件原理是从不同视点拍摄大量静态构造物的照片，连续拍摄且有80%以上的重叠率（重叠率越高，真实场景的还原度越高），相邻两张照片自动生成高分辨率的三维模型。如桥梁的整体模型和桥面、桥墩、桥台等局部模型都可以通过该软件精确自动生成。模型的精度主要取决于所拍照片质量、数量，还有拍摄距离、拍摄角度、拍摄方式等诸多要素。

（3）充分考虑实际的地理、气候环境，尽量选用高精度专业无人机拍摄，以及技术成熟、性能先进的品牌传感器，无人机和传感器的稳定性和可靠性在实桥中已予以适用验证。

（4）监测项目的设计和测点的布置符合必要性的原则，即要求监测数据或照片应能客观反映关乎桥梁结构安全的状态信息，满足安全预警和评估要求，遵循“代表性、实用性、经济性、精确性”的原则。

（5）无人机、传感器等设备抗干扰性强、耐久性好，能够在工作环境下稳定工作。

（6）设备实用性强，方便安装、维护和更换，集成化程度高，便于统一管理控制。

（7）应保护传感器及采集传输设备不受温度、雷击及干扰源（电源、电磁）等环境因素的影响而出现损坏现象。

2. 数据采集与传输子系统

数据采集与传输子系统的主要功能是对无人机拍摄的照片和各传感器信号进行采集和传输。该系统应符合以下要求：

（1）能够向安全评估与预警子系统提供满足数量和精度要求的监测照片和数据；

（2）能够实现数据的同步采集；

（3）按照不同的数据特点及其分析要求，采取对应的采集方案，保证信噪比高、不失真；

（4）数据采集与传输设备的选择要做到兼容性、耐久性和环境适应性好，易于维护、更换。

3. 数据处理与管理子系统

数据处理与管理子系统包含计算机硬件、BIM 信息处理和数据分析软件以及数据库管理和接口软件，是监测中心的“心脏”，它是桥梁监测信息化、数据化的核心，并为整个桥梁状态评价和预警提供有力数据支撑。该系统主要功能是完成大量数据的处理、归档和存储等管理；通过网络设置来控制桥梁的各个数据采集站、传感测试设备等工作；管理和存储整个监测系统各个桥梁结构主体的全寿命的静态数据和动态数据，静态数据包括桥梁地理信息数据（地理位置）、基础设计资料和荷载试验资料等，动态数据包括工程结构物日常巡检、定期检测、特殊检测、动态监测数据。该子系统应符合以下要求：

（1）能够实现对监测数据处理、存储、归档以及自动备份的管理；

（2）能够自动控制实现对数据的采集和传输，并且能够实现人工干预控制；

（3）具有相应的软硬件安全机制，保证数据安全，防止数据丢失或者人为恶意破坏、盗用；

（4）对监测数据、监测设备信息和桥梁检查、检测信息等与结构状态有关的数据进行分布式存储与管理；

（5）系统具有数据备份和恢复功能；

（6）系统应该具有数据转换功能，为安全评估与预警子系统及用户提供各种格式的数据；

（7）具有数据维护功能，可对数据库中已有的数据进行增加、删除和修改等操作；

（8）能够实现海量数据快速检索的功能。

4. 安全评估与预警子系统

安全评估与预警子系统能够利用监测数据实现结构状态及损伤识别，并结合检查、检测结果对桥梁结构的安全状况进行预警评估；能够实现对荷载与环境数据、结构整体和局部数据的全面系统分析和特殊分析，为安全预警、评估提供基础数据。该系统应当具备以下功能：

（1）通过设置的明确阈值，对实时监测结构状态参数信号进行判断和分级预警，并对报警情况进行记录；

（2）对自动化监测数据和定期测量结果进行统计、对比分析、趋势分析和相关分析；

（3）综合各种监测数据、定期测量信息和分析结果，对结构安全和使用状态进行总体评价。

5. 桥梁监测平台

桥梁监测平台是对所有桥梁进行集群化监测及统一显示的平台，通过该平台实现将各种数据实时按需求向用户进行展示，并且接受用户对系统的控制与输入。通过建立在监测中心服务器上的基于B/S架构的BIM中的Bentely软件，向监测中心现场操作人员以及授权的远程客户端用户提供友好的人机交互界面，实现便捷的系统控制、监测数据立体查询和在线分析。该平台应当实现以下功能：

（1）提供方便的人工定期测量信息录入接口；

（2）基于BIM软件提供监测桥梁三维真实环境下的桥梁结构展示，并提供逻辑结构清晰的，集图形、表格、文字等多种形式于一体的数据信息展示方式，展示效果简明且直观；

（3）具备远程信息发布与共享、远程授权操控能力；

（4）基于BIM强大的数据信息管理能力，具有自动化报告和报表生成功能；

（5）用户界面能够展示实时动态监测数据，显示数据采集与传输工作状态、数据处理与分析结果，做出安全评估并给出安全预警信息提示等。

BIM技术在实际桥梁监测系统的搭建中发挥巨大作用，实现了桥梁养护的信息化管理，大大提高了桥梁，特别是大型、复杂桥梁的监测养护的效率和效益，节约了时间与成本。BIM技术为桥梁监测系统的搭建提拱了新的思路，为桥梁后期的运营维护提供了新的方向。

7.2.5　BIM技术在桥梁养护管理中的应用

随着我国国民经济的快速发展，高速公路在促进经济发展方面具有举足轻重的地位。交通量的快速增长和超载车辆的增多，对公路通行能力和承载能力的要求越来越高，公路桥梁作为公路运输中的“咽喉”，发挥着越来越重要的作用。许多正在使用中的桥梁或多或少会出现老化、维修不足、长期疲劳作业、病害大量出现等情况，很难适应日益增长的交通需求。随着环境因素和交通荷载的相互作用，桥梁的技术状态不断恶化，使用功能降低。目前，国内桥梁坍塌事故已造成人民生命财产的损失，造成了恶劣的社会影响。因此，桥梁的养护管理受到交通主管部门的高度重视。

1. 桥梁病害三维可视化采集管理系统结构

为了实现桥梁病害的精细定位，实现三维可视化和跟踪式病害记录，本书提出了基于 BIM 技术的桥梁信息采集与管理系统的三维可视化。该系统结构分为病害记录存储模块、桥梁三维建模模块、病害信息采集模块、病害记录管理模块和用户权限管理模块。桥梁病害三维可视化采集管理系统的具体实施步骤是：① 离散病害信息和存储的定义；② 桥梁三维模型的建立；③ 移动终端的病害信息采集；④ 病害记录档案管理。

2. 桥梁病害三维可视化采集管理系统实现方案

桥梁病害三维可视化采集管理系统中，桥梁三维建模模块有着重要作用，它根据桥梁资料，基于 BIM 技术建立桥梁三维模型，并进行格式转换（可以转换成采集终端三维模型和管理终端三维模型），然后将三维数据采集终端模型和管理终端三维模型引入病害信息采集模块和病案管理模块，统一协调一系列模块组成桥梁三维可视化采集管理系统。该系统不同于以往的桥梁数据管理系统，在三维软件中通过 BIM 模型，基于计算机图形学原理，获得桥梁病害位置在三维屏幕中的坐标。

（1）病害记录存储模块

病害记录存储模块可以存储各桥梁、各批次病害记录，定义病害信息离散、存储方式，病害信息存储以结构化数据表存储病害记录。其中，每个病害记录包括病害记录ID、桥梁ID、检查批次ID、副病害记录ID、病害位置的三维坐标和自身属性参数。病害记录ID是各病害记录的唯一标识；桥梁ID区分系统中的各座桥梁，标明哪座桥梁出现病害；检查批次ID则是区分检查任务批次，确认病害属于哪个批次记录；副病害记录ID是上一批次中与本条病害记录同一位置的病害记录ID，以便追踪病害历史、发展情况；病害位置的三维坐标与桥梁三维模型坐标对应，每个三维模型在不同的模块，都使用统一坐标模型，模型改变时，相应的三维坐标系统数值也应当随之相应变化；自身属性参数是指病害位置信息以外的、关于病害类型和特征参数的信息，如裂纹长度、支座脱空百分比等。此外，还可以根据系统的功能添加额外的属性到病害记录中，它适用于存储模块中的结构化数据库。病害信息离散后以结构化数据表的形式存储为病害记录，病害记录以病害标记体的形式显示。

(2) 桥梁三维建模模块

桥梁三维建模模块为系统的每个模块提供了桥梁三维场景的坐标系统的统一模型——基于BIM技术桥梁模块的三维模型，该模型不仅包括三维几何模型，也包含三维模型相应的连接信息。三维模型在建立过程中，关键部件的拆分模式十分重要，部件拆分过细则会使得构件数量过多，使得数据库被大量较低价值的信息占据，造成系统信息维护以及运行成本增加；拆分过粗则会使得相关信息缺失，运营分析工作受阻。因此，构件是承载信息的基础，结构拆分是否合理将直接影响信息组织和信息利用效率。在建模过程中，应合理分离桥梁构件。拆分后部件作为信息描述的最小单元，其建造、损坏、维护和替换信息将被记录下来。在BIM模型中，组件的几何形状绑定到数据库中的组件ID，然后将数据库中的组件信息连接起来。

（3）病害信息采集模块

病害信息采集模块用于桥梁维修病害检测、病害信息采集等领域。这个模块通常是基于移动设备，如Android或IOS设备，软件采用如OpenGL和WebG等三维引擎，以显示桥梁三维模型。在三维模型的基础上，获取模型场景的三维坐标，并输入病害的参数。三维坐标和参数连接后，形成病害记录。病害记录可以被缓存到采集设备的本地存储数据库中。用户通过用户权限管理信息采集模块，验证登录后的病害信息采集模块，选择待查桥梁，检查不同批次，获取不同批次记录的桥梁ID。

（4）病害记录管理模块

病害记录管理模块进行病害记录的三维可视化管理。该设备模块采用PC、平板电脑等支持数字三维显示设备的硬件，在管理软件中采用对应的三维引擎、显示桥梁模型，并在此基础上显示三维信息和维护病害信息。该模块包含两个子模块，分别是病害信息三维显示模块和病害信息维护模块，分别对数据存储模块中的病害记录进行显示和维护。病害信息三维显示模块的三维显示方式包括：病害信息的图形化显示、查看详细信息、桥梁病害总览、病害历史追踪；病害信息维护模块中的维修方式包括：删除病害记录、修改病害记录、增加病害记录。

（5）用户权限管理模块

用户权限管理模块的功能是控制各用户的操作权限。不同用户具有系统设置、桥梁基本信息维护、数据入库、数据查询、数据修改、数据删除等权限或权限组合。

BIM 技术基于三维的管理模式，突破了传统管线管理系统的二维平面静态管理方式，具有内容更丰富、图形更直观等特点，以病害标记体作为信息入口，可以更加方便地对病害信息进行查看、删除、属性修改以及位置移动等操作；构件根据损伤程度不同以不同颜色显示，可以更直观地观察结构整体损坏情况。

第 8 章　桥梁加固

8.1　概　述

本章着重介绍几种桥梁类型的常见病害及加固方式、方法。

以钢筋混凝土或预应力混凝土材料修建的各类桥梁占我国现役桥梁的绝大多数，由于各种原因，桥梁使用多年后，或多或少出现一些病害，特别是近些年来许多地区交通流量增大及重车增多，桥梁出现的病害较多，相当一部分桥梁已到了不得不加固或者是不加固不让人放心的地步。前者须限制交通或者中断交通，拨专项资金抢修；后者虽不必限制交通，但数量甚多，管养单位也在设法筹集资金，以尽快动工加固。以下所述的桥梁常见病害，主要指直接影响到桥梁结构承载能力，属结构受力性并需要加固的各种病害，而对于只需要做正常养护维修的非结构受力性缺陷或病害较少涉及。

8.2　钢筋混凝土及预应力混凝土简支板桥

简支板桥是小跨径桥梁常用的结构形式，钢筋混凝土板桥的跨径常为 5～13m，分为空心板和实心板两种，施工方法有预制装配和整体现浇。预应力板桥的跨径常为 10～20m，一般为空心板，预制装配的较多。

1. 钢筋混凝土整体现浇简支板桥

常见的病害有：

（1）跨中附近板底出现由下而上的竖向裂缝，一般有多条，静态裂缝宽度有可能超过规范限值，如图 8-1 所示，有时还伴随着跨中下挠，表明抗弯能力已不足。

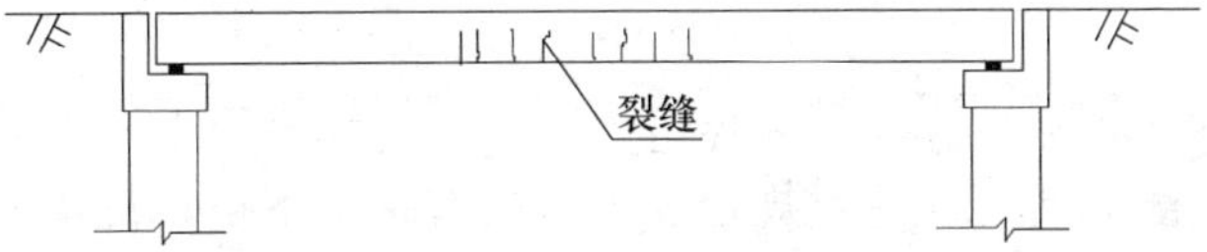

图 8-1　整体现浇简支板桥跨中竖向裂缝

（2）跨中附近板底出现纵向裂缝，一般也可能有多条，有的静态裂缝宽度也会超过规范要求，如图 8-2 所示。这很可能是由于设计图采用了预制装配的标准图配筋，施工时却改用现浇，将单向板变成整体式双向板，改变了板的受力方式，导致板底横向配筋严重不足，在横向弯矩作用下，引起板底产生纵向裂缝。

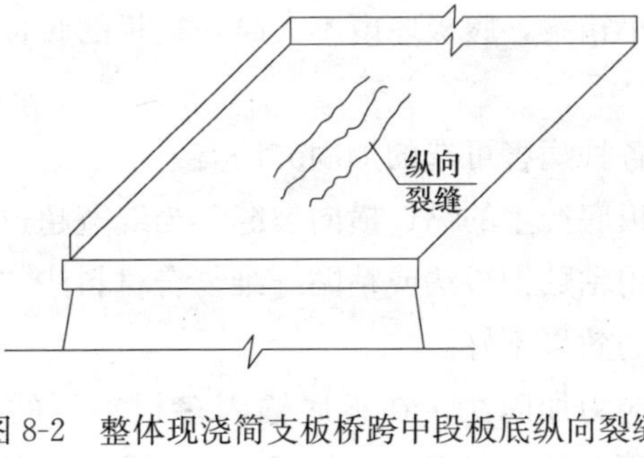

图 8-2　整体现浇简支板桥跨中段板底纵向裂缝

2. 钢筋混凝土及预应力混凝土预制、装配简支板桥

常见的病害有：

（1）装配式简支板桥可在桥面铰接缝处出现纵向裂缝，这主要是由于铰接缝施工质量差，造成各板块的整体性连接差。

（2）存在支座脱空现象。由于每块板的两端各有 2 个支座，每跨桥都有较多支座，如果施工时支座垫石标高有误差，或预制安装时板有翘曲，或墩台有不均匀沉降都会导致部分支座脱空。

（3）钢筋混凝土简支板桥跨中附近板底有由下而上的竖向裂缝，缝宽有可能超过规定要求，或有跨中下挠，抗弯能力不足，如图 8-1 所示。

（4）板底出现纵向裂缝。预应力混凝土装配式简支板桥大多采用先张法施工，如果由于施工原因造成底板太薄，使得预应力筋周围混凝土局部应力过大，或者由于混凝土中的氯盐添加剂或混凝土碳化造成钢筋生锈，均可能产生沿着钢筋的板底纵向裂缝。

（5）一般的空心板在支承端附近不会出现剪切斜裂缝，但近年来有的桥梁采用了单块宽度达 1.5m 甚至更大的空心板，其实相当于小箱梁，腹板厚度不大时，边板的腹板上有可能出现斜裂缝。

对上述各种病害可选的加固方法有：

（1）对板底产生的纵、横向裂缝，当缝宽超过规范的限值时，均可采用粘贴钢板法或粘贴纤维复合材料法加固，但对解决跨中下挠的效果不好。

（2）预应力加固法，在板底锚固多根平行的预应力细钢丝，张拉后覆盖特制混凝土，如图 8-3 所示；或者设转向托架后折线形布钢束张拉，预应力筋穿过两端板中斜孔锚固于铺装层下，如图 8-4 所示。

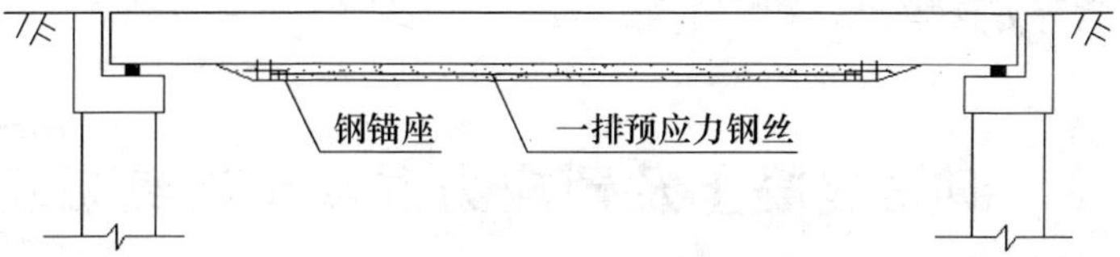

图 8-3　板底锚固多根预应力细钢丝

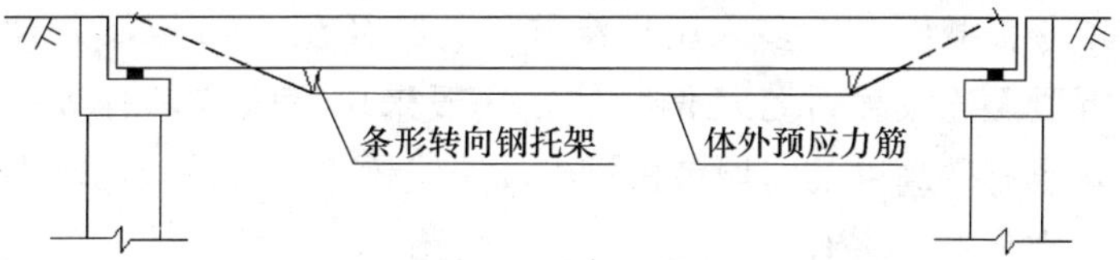

图 8-4　折线形布置体外预应力筋

（3）改变结构体系法，如简支板变连续板，对于小跨径板桥可在跨中或跨中附近增设桥墩或斜撑（图 8-5），但应注意在中支点负弯矩区，应结合桥面改造，增设足够的受拉钢筋。以上两种方法对解决跨中下挠效果较好。

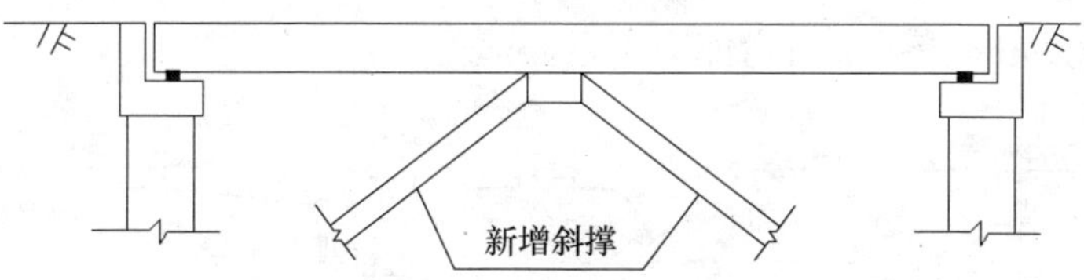

图 8-5　跨中增加支撑变简支为连续

（4）锚喷混凝土加固法，在板底锚固钢筋网后，喷射混凝土覆盖，其实质是增加板底配筋，类似于图 8-3，只不过板底增加的是普通钢筋网。

（5）对桥面铰缝处的纵向裂缝，只能通过桥面改造来解决，如增加桥面横向钢筋布置，加厚铺装层等。

(6) 对板桥支座脱空现象，可采用更换支座、加钢垫板、楔紧等方法解决。

8.3 钢筋混凝土及预应力混凝土连续板桥

钢筋混凝土及预应力混凝土连续板桥一般采用实心板截面或空心板截面，大多采用现浇施工，跨径在 20m 以下，预应力混凝土连续板桥跨径偏大些，一般采用后张法，有等高度的，也有变高度的。城市桥梁中的跨线桥、人行桥应用较多。

常见的病害有：

(1) 钢筋混凝土连续板桥各跨中附近板底出现由下而上的多条竖向裂缝，横向有可能贯通，属弯矩引起的裂缝，表明抗弯能力不够。

(2) 钢筋混凝土连续板桥各墩顶处桥面出现开裂，桥下渗水，一般都横向贯通，裂缝可有一条到多条，可由活荷载引起，也可由墩台不均匀沉降引起，如图 8-6 所示，说明负弯矩较大，支点截面抗弯能力不足。

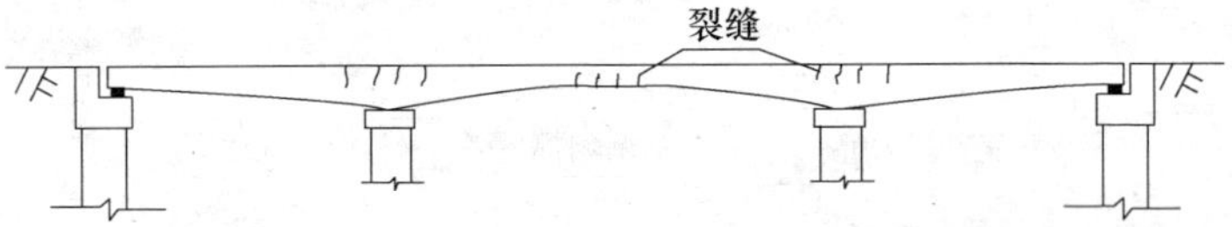

图 8-6 连续板支点顶面和跨中底面竖向裂缝

(3) 各跨中附近板底出现纵向裂缝，类似于图 8-2，要么是钢筋混凝土板底横向钢筋配置不足，要么是混凝土保护层太薄，预应力筋周围混凝土局部应力过大，或是混凝土中的添加剂等原因使钢筋生锈，导致沿钢筋产生裂缝。

（4）跨中下挠，要么是施加的预应力不足，要么是跨中钢筋混凝土板底竖向裂缝过多、过宽，导致其刚度降低、挠度增大。

上述病害可选的加固方法有：

（1）对板底裂缝，当缝宽超过规范要求时，可采用粘贴钢板或粘贴碳纤维复合材料法加固。

（2）对墩顶处桥面开裂，可采用在负弯矩区的混凝土铺装层内增设受拉普通钢筋或预应力钢筋，提高支点截面抗弯能力。

（3）预应力加固法，在板底设转向托架，按折线形布钢束张拉，此法对各种因受力产生的病害均有利，如图 8-7 所示。

（4）改变结构体系法，如在跨中或跨中附近增设斜支撑，解决跨中下挠过大或预应力不足问题，类似于图 8-5，但应增强支撑截面负弯矩区的受拉钢筋。

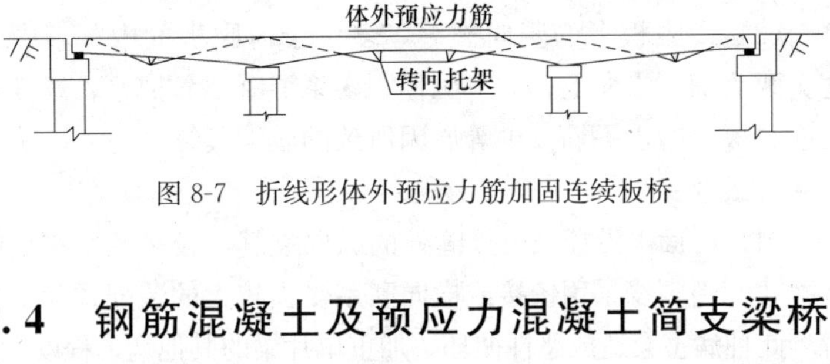

图 8-7　折线形体外预应力筋加固连续板桥

8.4　钢筋混凝土及预应力混凝土简支梁桥

钢筋混凝土及预应力混凝土简支梁桥是所有运营桥梁中数量最多的，该梁的截面形式常有 T 形、工字形、箱形和各种形式的组合。钢筋混凝土简支梁的跨径一般在 10～20m，预应力混凝土简支梁跨径一般在 16～50m，少量有更大的跨径。施工方式大多采用预制装配，少量采用现浇施工。由于呈肋板形截面，自重轻，抗弯能力及跨径比板桥大，病害种类也要多些。

1. 钢筋混凝土简支梁桥

常见的病害有：

（1）跨中附近梁底出现由下而上的竖向弯曲裂缝，数量随跨径增大而增多，恒荷载裂缝宽度有可能超过规范限值，有的还伴有跨中下挠过大，如图 8-8 所示。

（2）两支承端附近腹板上的斜向裂缝系主拉应力过大或腹板抗剪不足等引起的剪切病害，如图 8-8 所示。

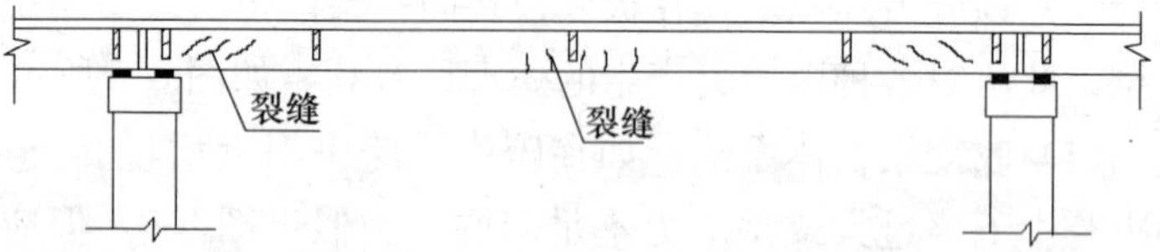

图 8-8　简支梁跨中梁底竖向裂缝及支承端附近腹板斜裂缝

（3）梁腹板上的竖向裂缝，多位于薄腹板的中部，中间宽、两头细，未向上、向下延伸，多系混凝土养护差、温度不适或腹板上的水平筋太少等原因所致的收缩裂缝，主要影响结构的耐久性。

（4）桥面上沿翼缘板接缝处的纵向裂缝，较多发生在预制装配 T 梁桥翼缘采用铰接或横向联系受损较大的装配式简支梁桥。此种病害会造成恶性循环，加重单片梁的其他病害程度。

（5）其他施工原因产生的裂缝，这些裂缝在工程竣工前就能发现。

2. 预应力混凝土简支梁桥

如果是按部分预应力混凝土 B 类构件设计的简支梁桥，钢筋混凝土简支梁桥有的病害它都可能有，只是程度不同而已，不再复述，但其与全预应力混凝土简支梁桥有一些共同的病害。对于全预应力混凝土构件及部分预应力混凝土 A 类构件，正常使用条件下不允许出现裂缝，如果出现，不论缝宽大小都应找出原因并进行处理或加固。

预应力混凝土简支梁桥不同于钢筋混凝土简支梁桥的其他常见病害如下：

（1）张拉锚具的锚下纵向裂缝，长度一般不超过梁高，主要为锚下局部应力集中产生的劈裂拉力所致。

（2）跨中下挠过大，超过规范容许值，跨中截面不一定开裂，主要为施加预应力不足或预应力损失过大所致。

（3）沿预应力钢束的纵向裂缝，主要因为预应力钢束保护层过薄，钢束处局部应力过大产生劈裂或是混凝土保护层碳化后预应力筋生锈所致。

上述各种病害可选的加固方法有：

（1）对梁底弯曲裂缝和沿预应力筋的纵向裂缝可采用粘贴钢板和纤维复合材料的方法加固，也可采用增大截面法加固。增加铺装层厚度，加大截面受压区面积对提高抗弯强度和刚度有利，但增加高度有限，同时也增加自重，如果增加梁底截面高度，实际上是增加配筋。

（2）对于腹板上的斜裂缝，可在与裂缝反向并近似与水平线成 45°，即大致正交于斜裂缝的方向粘贴钢板或纤维复合材料，当梁高度低，钢板或纤维锚固长度不足时，可粘贴成 U 形箍和加压条的形式，如图 8-9 所示。

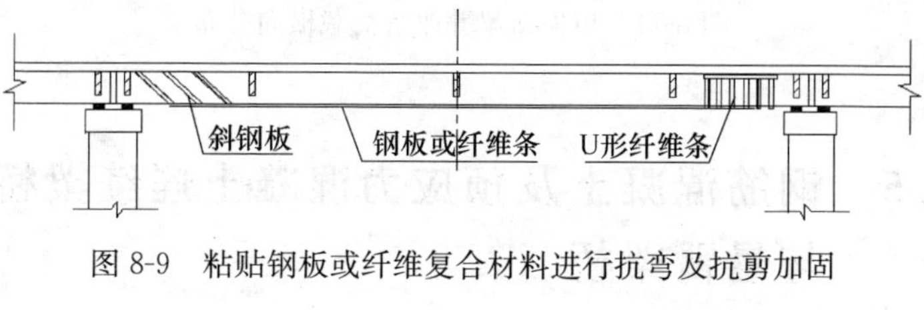

图 8-9　粘贴钢板或纤维复合材料进行抗弯及抗剪加固

（3）对桥面纵向裂缝，可结合铺装层改造增加厚度和横向配筋，增加或加大横隔板。

（4）对于腹板上的收缩裂缝和锚固区的裂缝，视缝宽大小采用环氧胶封闭或灌缝处理。

（5）上述各种因受力引起的病害，均可采用体外预应力加固法，具体做法有多种，如图 8-10 所示。此法的设计、施工复杂，但效果较好。

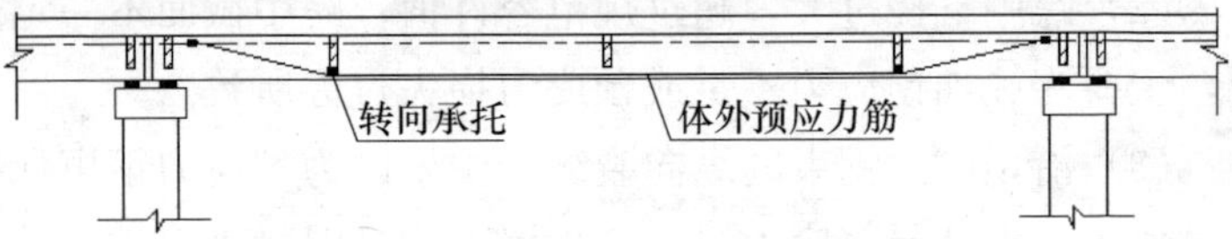

图 8-10　体外预应力筋加固简支梁

（6）对病害较多、较重的某一单片梁，条件许可时，可割开横向联系更换增大刚度后的新梁，同时减少其他梁的荷载分布。多数情况下边梁病害较重，如图 8-11 所示。

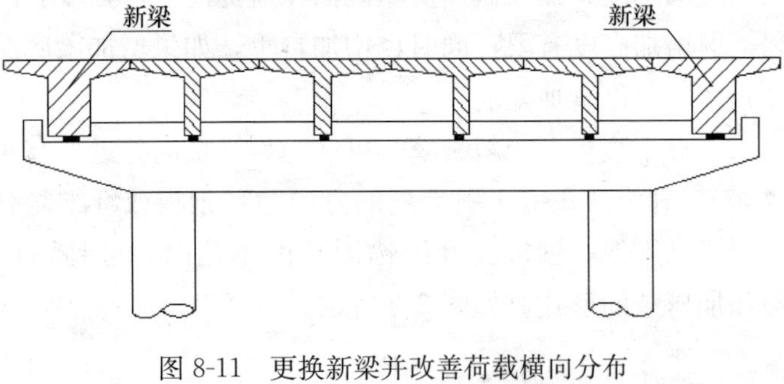

图 8-11　更换新梁并改善荷载横向分布

8.5　钢筋混凝土及预应力混凝土连续梁桥与悬臂梁桥

连续梁桥及悬臂梁桥的截面形式常有 T 形、I 形和箱形，跨径 30m 以上的大多采用箱形，并采用变高度的不等跨梁。等高度的钢筋混凝土连续梁一般跨径在 30m 以下，变高度的钢筋混凝土连续梁或悬臂梁一般跨径在 50m 以下，跨径偏大仍采用钢筋混凝土材料的此类桥梁比较费材料，而且桥面负弯矩区易出现横向裂缝。等高度的预应力混凝土连续梁一般跨径在 60m 以下，而变高度的预应力混凝土悬臂梁跨径大多在 100m 以下，但 100m 以上也比较常见，连续梁跨径大多在 200m 以下，但 200m 以上也比较常见。这类桥梁在跨越障碍物或城市立交桥中较多采用，无论跨径大小均容易出现各种病害。

1. 钢筋混凝土及预应力混凝土悬臂梁桥

常见的病害有：

（1）悬臂梁牛腿端下挠过大，常有墩顶桥面开裂，主要是悬臂部分刚度不够，尺寸偏小，超重车影响，或者是纵向预应力损失较大，施工质量差等造成。

（2）悬臂梁牛腿处局部裂缝（图 8-12），主要是配筋不足，高度偏小，温度影响或者是挂梁与牛腿连接不顺，形成跳车，局部冲击过大等所致。

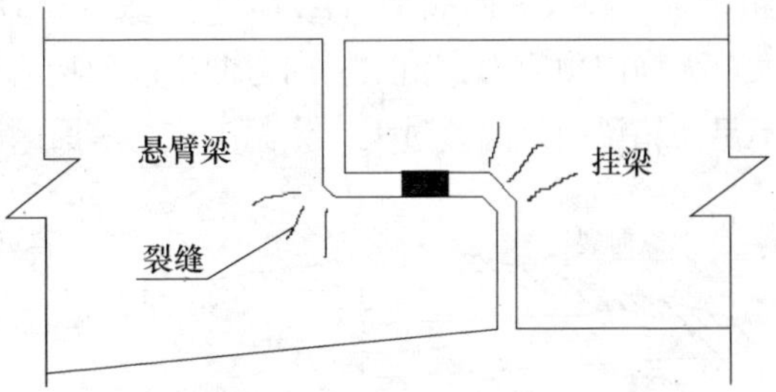

图 8-12　牛腿处局部裂缝

（3）如果悬臂梁的锚固孔跨径过大，在尺寸偏小或配筋不足时，很有可能出现跨中下挠或跨中梁底竖向裂缝。

（4）预应力筋锚固齿板后的斜向裂缝，这是所有预应力箱梁可能出现的病害（图 8-13），主要是齿板附近应力集中过大、普通钢筋配置偏少、预应力束锚固过于集中等引起。

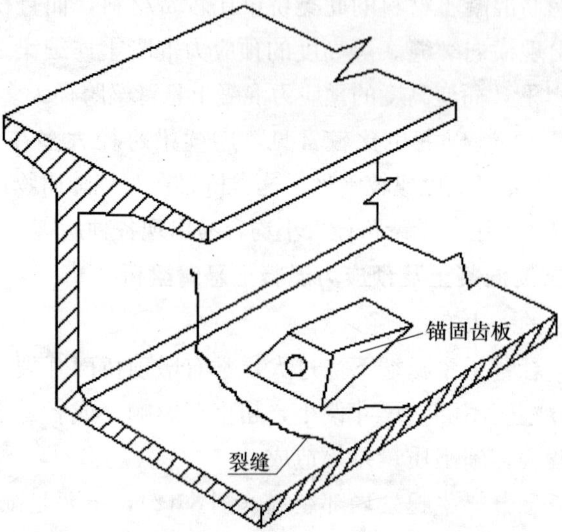

图 8-13　锚固齿板后开裂

（5）箱梁顶、底板纵向裂缝（图 8-14），主要是顶、底板横向弯矩过大，无横向预应力，箱梁横向弯曲空间效应，板厚偏小，横向配筋不足，箱梁内外温差过大产生温度应力等原因所致。

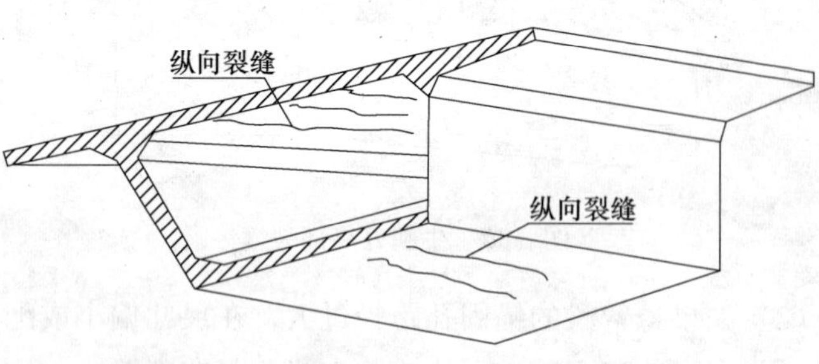

图 8-14　箱梁顶、底板纵向裂缝

（6）箱梁顶、底板梗腋处的纵向裂缝，顶板梗腋处裂缝主要是该处有大量预应力纵向钢束通过，局部应力过大，或者是箱梁的正剪力滞效应考虑不足，或者是偏心荷载下箱梁畸变扭转引起腹板上下端局部应力过大等所致。

（7）箱梁腹板上的斜裂缝（图8-15），一般发生在墩台支承点至反弯点间的梁段上，属剪切裂缝，产生原因比较复杂，主要由纵向或竖向预应力不足或损失过大，箱梁内外温差过大，箱梁的抗弯或抗扭刚度不足，偏心荷载下箱梁畸变应力过大，腹板厚度偏小，剪力滞效应影响，非预应力钢筋配置不足，混凝土混合料及添加剂影响，施工不当，纵向预应力束直线形布置，跨径布置不合理等原因引起。

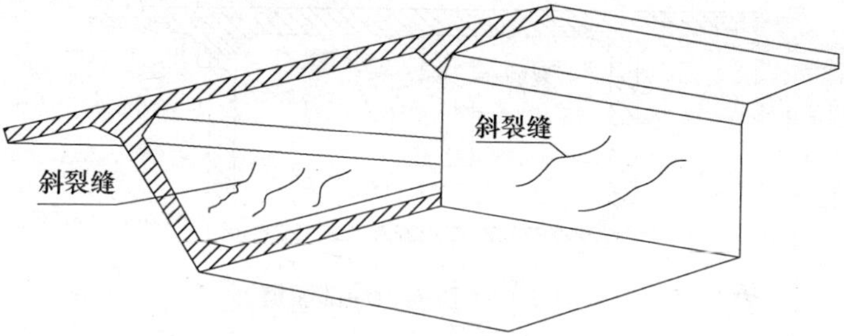

图8-15　箱梁腹板上斜向开裂

（8）箱梁腹板中部的竖向裂缝，常发生在脱模2～3d内，上下没有延伸，施加预应力后大多会闭合，这主要与混凝土收缩、箱梁内外温差、腹板水平筋不足、混凝土混合料质量有关。

（9）箱梁腹板上的水平裂缝（图8-16），主要由箱梁横向弯曲空间效应与内外温差应力使腹板内侧或外侧产生较大的竖向应力、箱梁横向刚度不足、畸变应力影响、竖向预应力不足等原因引起。

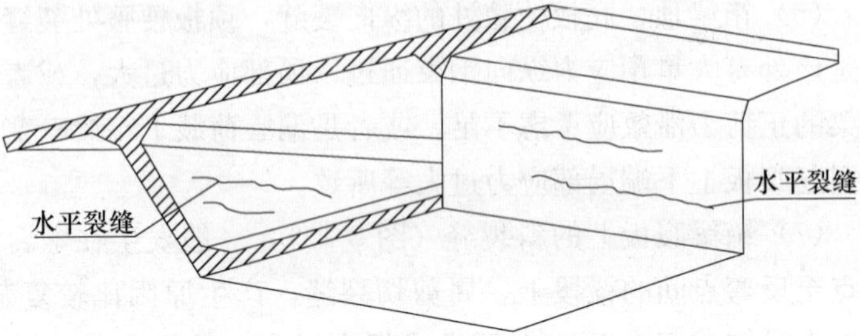

图 8-16 箱梁腹板上水平裂缝

（10）在箱梁较宽时，横隔板或横梁跨中较易产生竖向裂缝（图 8-17），这主要是由于横隔板或横梁跨中施加的横向预应力不足或损失过大，或箱梁抗扭能力差等引起。

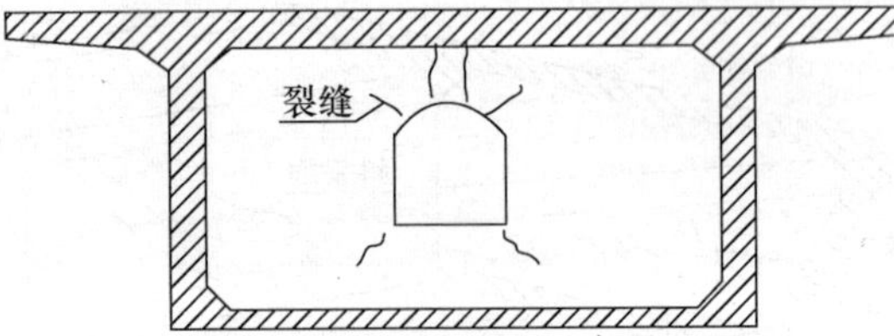

图 8-17 横隔板局部裂缝

（11）悬臂施工时各分段接缝或合拢段接缝出现裂缝，多由于施工接头处理不好，成为薄弱截面，在纵向弯矩、混凝土收缩或较大温差应力等作用下开裂，或者由于预制拼装接缝不密实，桥面开裂后，接缝渗水、钢筋锈蚀等引起。

2. 钢筋混凝土及预应力混凝土连续梁桥

常见的病害有：

（1）跨中下挠过大，往往伴随着跨中梁底横向开裂、墩顶处桥面开裂或腹板斜裂缝，主要原因是抗弯刚度不够，如梁高偏矮、腹板偏薄、纵向预应力不足或损失过大等原因造成。

（2）其他病害与钢筋混凝土及预应力混凝土悬臂梁桥的

(4) ～ (11) 相同。

上述钢筋混凝土及预应力混凝土悬臂梁桥和连续梁桥各种病害可选的加固方法有：

(1) 对于悬臂梁牛腿端下挠过大，最有效的方法是补加预应力，利用变高度梁的特点，在铺装层中布置通长无黏结预应力索，锚固在牛腿上，铺装层与箱梁顶板间应通过植入大量锚筋传递桥面预应力，如图 8-18 所示，单箱多室截面有足够箱高时，可在中腹板顶部两侧布置通长体外束，锚固在腹板上，如图 8-19 所示，但均要注意对锚固孔的影响。

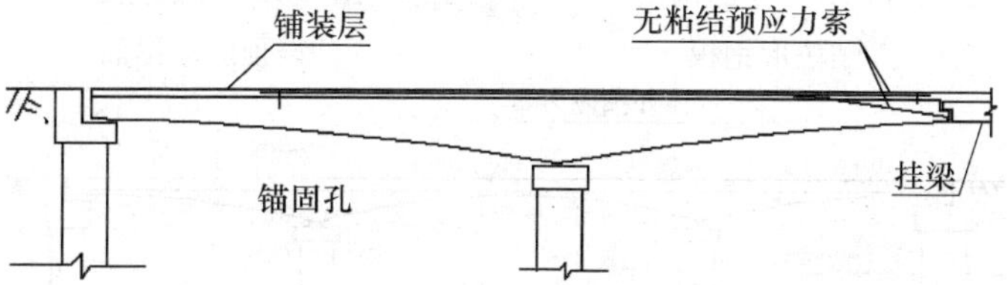

图 8-18　悬臂梁负弯矩区铺装层中布置预应力索

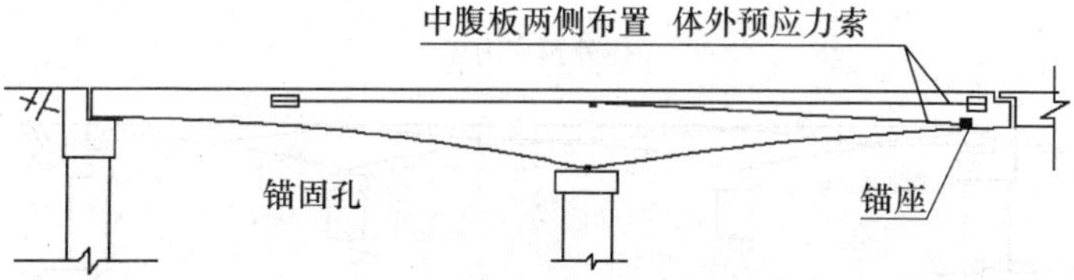

图 8-19　悬臂梁负弯矩区中腹板两侧布置体外预应力索

(2) 对于牛腿处裂缝，常在两侧粘贴块形钢板或钢板条，如图 8-20 所示。如果箱内牛腿处能进人操作，可考虑从外面钻斜孔后穿预应力筋张拉锚固，如图 8-21 所示。

(3) 对连续梁跨中和悬臂梁锚固孔跨中下挠过大，最有效的方法是体外预应力加固，利用变高度梁的特点，在箱梁内腹板两侧布置直线形或折线形体外预应力索加固，如图 8-22 和

图 8-23 所示，对等高度连续箱梁宜采用布置折线形体外预应力索加固，如图 8-24 所示。

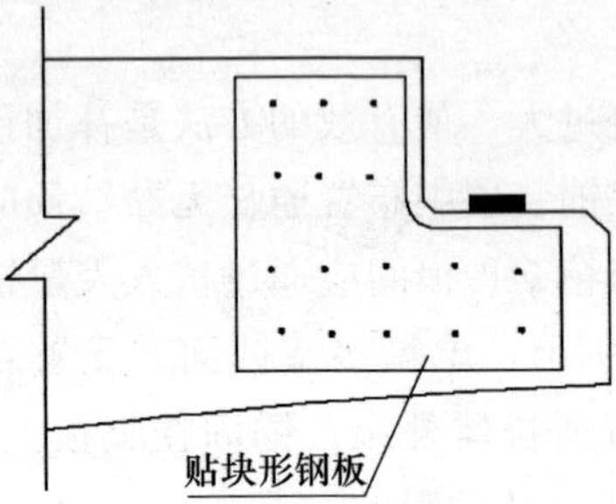

图 8-20　牛腿两侧贴块形钢板

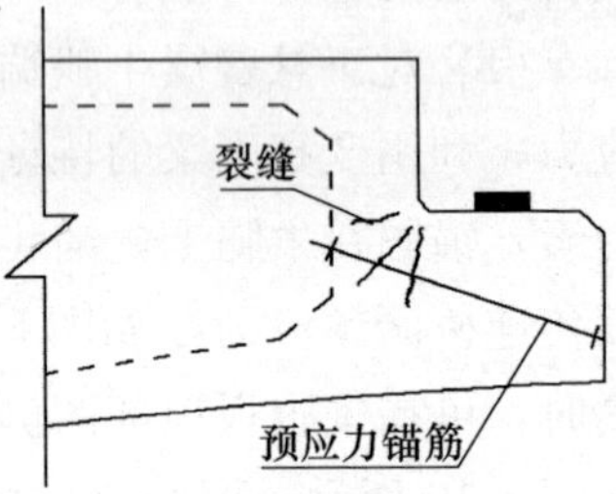

图 8-21　牛腿处钻孔设预应力锚筋

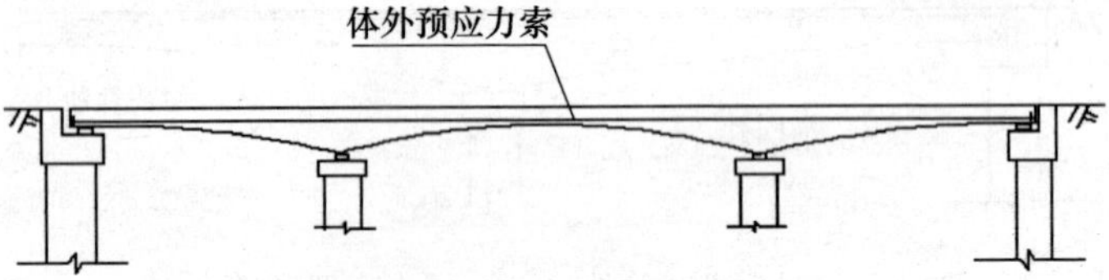

图 8-22　变高度连续箱梁内布置直线形体外预应力索

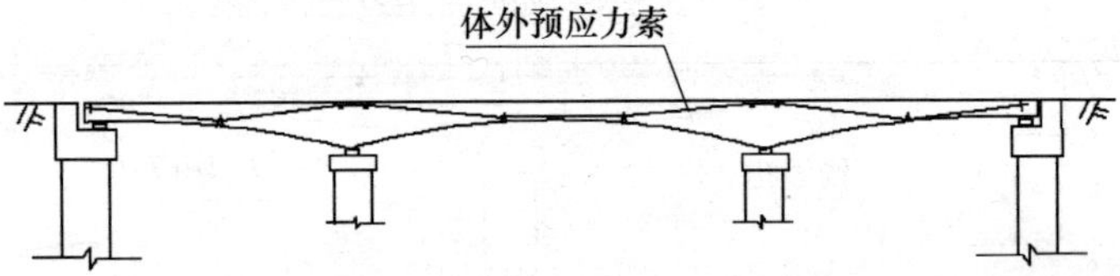

图 8-23　变高度连续箱梁内布置折线形体外预应力索

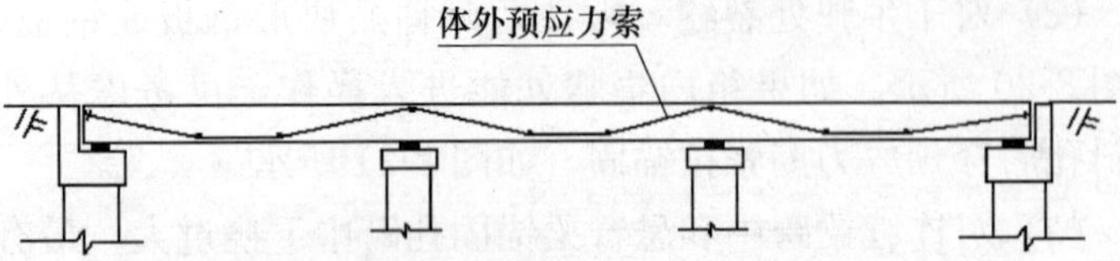

图 8-24　等高度连续箱梁内布置折线形体外预应力索

（4）对预应力锚固齿板附近的裂缝一般采用灌缝后粘贴薄钢板或碳纤维复合材料等加固。

（5）墩顶处桥面横向裂缝，可采用凿除铺装层混凝土，在顶板面增设纵向普通受拉钢筋或无黏结预应力筋，预应力钢束锚固在现浇层中，类似于图 8-18；或在箱梁内腹板两侧的截面重心轴以上设体外预应力索加固，类似于图 8-19。

（6）对连续梁跨中梁底横向裂缝，或分段接头横向裂缝，常采用纵向粘贴钢板或碳纤维复合材料等加固；或采用体外预应力索加固。对于分段拼装接头裂缝，若属于非受力引起，只需灌胶封闭即可。

（7）对箱梁顶、底板纵向裂缝，常采用横向粘贴钢板或其他纤维复合材料或增设横向联系等方法加固。如果顶板底面纵向开裂，主要是因顶板横向跨度过大，又未设横向预应力所致，可考虑在顶板上面的铺装层中增设横向预应力筋，如图 8-25 所示，并在铺装层与顶板间植入大量锚筋来传递桥面预应力。

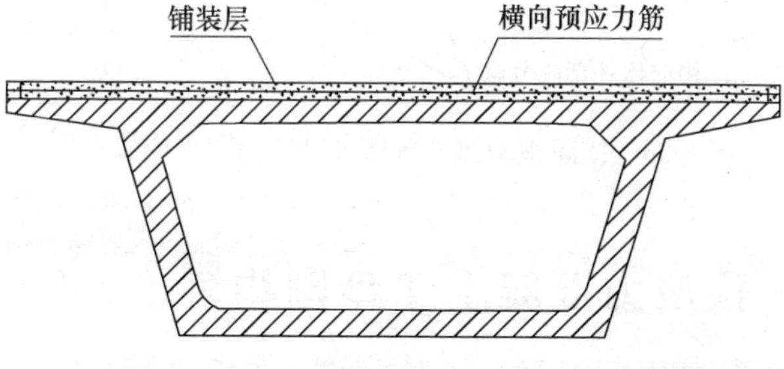

图 8-25　箱梁顶面铺装层中增设横向预应力筋

（8）对腹板上的水平裂缝，可采用在腹板上粘贴竖向钢板或纤维复合材料，或增加横向联系，如增设横隔板等，或施加竖向预应力加固。

（9）对箱梁顶、底板梗腋处的纵向裂缝及腹板竖向裂缝，可采用封闭、灌缝或粘贴纤维复合材料加固。

（10）对腹板上的斜裂缝，可采用在腹板上粘贴钢板或纤维复合材料，类似于图 8-9 所示，也可采用适当增加腹板厚度，或在纵向或竖向施加预应力等方法加固。

（11）对箱梁内的横隔板或横梁跨中竖向开裂，可在横隔板两侧补加横向体外预应力，并穿出箱壁锚固，如图 8-26 所示；或增设横隔板，增强抗横向弯曲及扭转的能力。

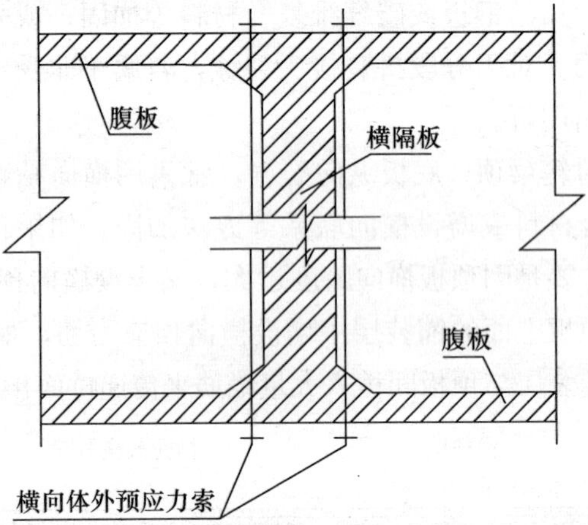

图 8-26　横隔板两侧布置体外预应力索平面示意图

8.6　预应力混凝土 T 型刚构桥

T 型刚构桥，有带挂梁或铰的 T 型刚构，也有连续刚构。在 20 世纪 70 年代末至 90 年代初，我国修建的大跨梁式桥中，带挂梁的预应力 T 型刚构桥是主要的桥型之一，而近十年来代换为预应力连续刚构桥。其主要特点为梁、墩固结在一起，但前者的上部结构类似于悬臂梁桥，后者的上部结构则类似于连续梁桥，只是桥墩要承受较大的纵向弯矩。当然，预应力混凝土T型刚构桥与悬臂梁桥、连续梁桥相比，受力上有所差别，跨径也增大许多，像双薄壁墩的连续刚构已达300m左右。预应力T型刚构桥无论是带挂梁的T型刚构，还是连续刚构，常采用变高度的箱梁，预应力混凝土悬臂梁及连续梁桥可能有的病害，它们也同样可能存在，可选的加固方法也相同，不再赘述。

有所区别的是，带挂梁的T型刚构由于悬臂较长，如果施工或设计质量不好，特别是施工质量差，造成预应力损失大，悬臂抗弯刚度不足等，很容易出现牛腿下挠过大等病害。采用体外预应力索加固时，无黏结钢铰线可布置在箱梁顶面的铺装层中，锚固在两端牛腿处，新、旧混凝土间植入大量锚筋来传递桥面预应力，如图8-27所示。

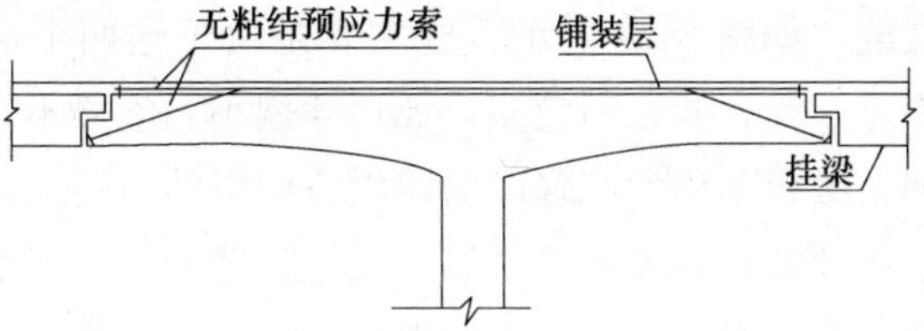

图8-27　T型刚构桥铺装层内布置无黏结预应力通长索

当箱梁为单箱多室时，可在中腹板两侧布置通长体外预应力索加固，并穿过墩顶两道横隔板的钻孔，锚固在两端腹板两侧的锚座上，如图8-28所示。

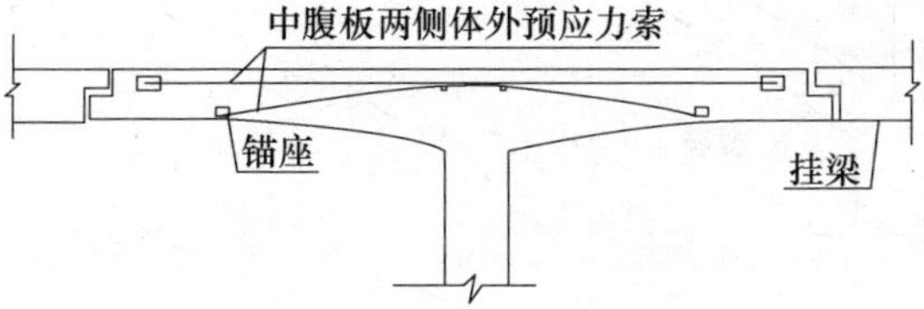

图8-28　T型刚构桥中腹板两侧布置体外预应力通长索

8.7 钢筋混凝土板拱、肋拱及箱形拱桥

所谓板拱、肋拱及箱形拱主要是按主拱券截面形式划分的。此处主要指上承式拱桥，其组成主要有主拱券及拱上建筑，拱上建筑包括腹孔（拱式腹孔或梁板式腹孔）、腹孔墩（立柱或横墙）、桥面板、填料、侧墙、桥面系等，视何种腹孔而定。跨径可小可大，小的十几米，大的如箱形肋拱可达420m，构造形式繁多，花样多变，但很多病害大致相同。

常见的病害有：

（1）主拱券的拱顶下缘及侧面横向裂缝和拱脚上缘及侧面的横向裂缝，如图8-29所示。这主要是由于这两个截面的抗弯强度不足，其具体原因较多，如尺寸偏小、配筋不足、拱轴线不合理、墩台不均匀沉降或向路堤方向滑动或转动、超重车影响、整体性差、施工质量差等。如果裂缝的上、下缘位置与上述相反，常为墩台向桥孔方向滑动或转动。

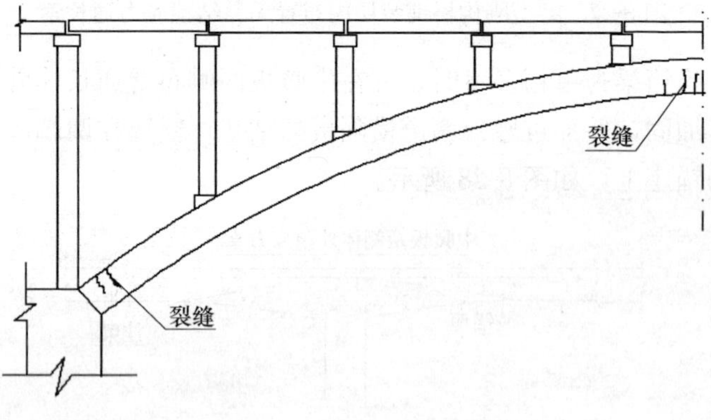

图8-29　拱顶下缘及拱脚上缘开裂

（2）主拱券（板拱券）或腹拱券出现纵向裂缝，如图 8-30 所示。常伴有墩、台帽或帽梁纵向裂缝，如果裂缝大致居中，可能是墩、台基础的上、下游不均匀沉降引起，如果只是边拱箱接缝处开裂，一般是由接缝的连接不好、整体性差、偏载作用下边拱箱受力变形较大引起。

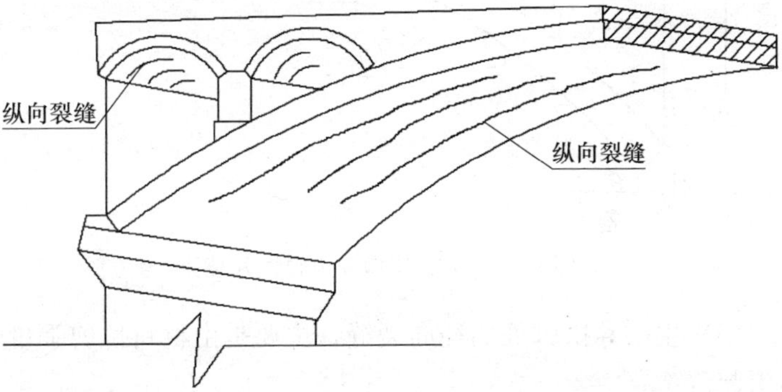

图 8-30　主拱券或腹拱券纵向开裂

（3）主拱券局部出现混凝土碎裂、脱落等破坏现象，一般出现在压应力较大的地方，如边角处、等截面拱券的拱脚附近等，多为材料的抗压强度不够，引起劈裂或压碎，或者是内部钢筋生锈膨胀所致。

（4）双曲拱桥的拱波顶出现纵向裂缝或拱肋与拱波连接处环向开裂，多为各肋间横向联系弱，整体性差，横截面的组合不合理，墩台横向不均匀沉降等所致。

（5）拱上排架、梁、柱开裂，特别是短柱两端开裂，压碎，靠墩、台或实腹段的腹拱券的拱脚、拱顶开裂经侧墙到桥面，侧墙与拱券连接处脱离及侧墙的其他裂缝，如图 8-31 所示。主要原因为短柱及腹拱券未设铰，相应位置的侧墙及桥面未设变形缝，在主拱券变形或墩台位移作用下拉裂。

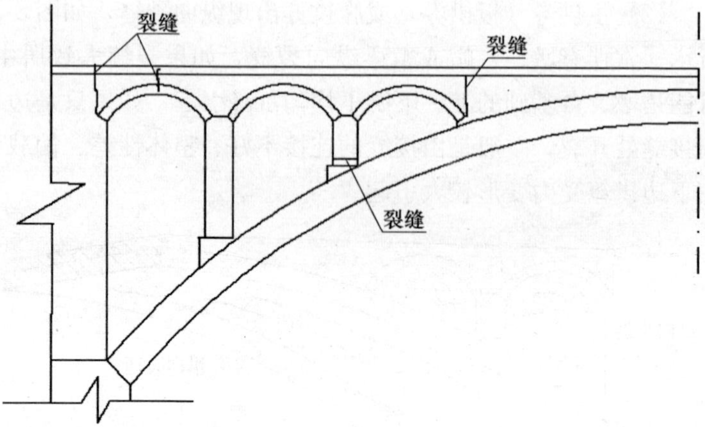

图 8-31　矮立柱脚及边腹拱开裂

(6) 主拱券拱脚处的径向裂缝，主要是由材料抗剪强度不足引起。

(7) 桥面纵向裂缝，常伴有横向联系竖向开裂，特别是跨中横向联系开裂严重，说明桥梁的横向整体性差，荷载横向分布不好。

(8) 主拱券采用分段预制拼装时，接缝处可能出现裂缝。

(9) 拱肋采用钢管混凝土时，钢管表面可能会出现收缩状褶皱，或管内有空洞、离析，常为钢管厚度不足，套箍作用部分散失，以及钢管格构布置不合理，管壁加劲肋不足等引起。

上述常见病害可选的加固方法有：

(1) 因主拱券为偏心受压构件，如果出现拱顶、拱脚横向开裂或局部压碎，最好采用从拱腹面或拱背面增大截面的方法加固，如凿毛原混凝土表面、植筋和布筋后浇筑混凝土或喷射混凝土，特别是拱脚处裂缝，需要在墩、台帽中植入钢筋，再增大拱脚段截面，如图 8-32 及图 8-33 所示。其次可采用粘贴钢板或纤维复合材料，但应注意拱腹粘贴材料过长，受弯后产生径向撕裂作用的问题。在中、小跨径拱桥中还可考虑体外预应力加固，但应考虑对其他部位的影响。还可采用减轻拱上建筑自重，如更换填料、挖除填料及侧墙改拱式腹孔为全空腹式梁板腹孔来减轻主拱券负担，如图 8-34 所示，但主拱轴线形有所变化，应注意验算。如果是墩台位移引起的病害，且还在继续发展，则应先加固墩台，消除病因。

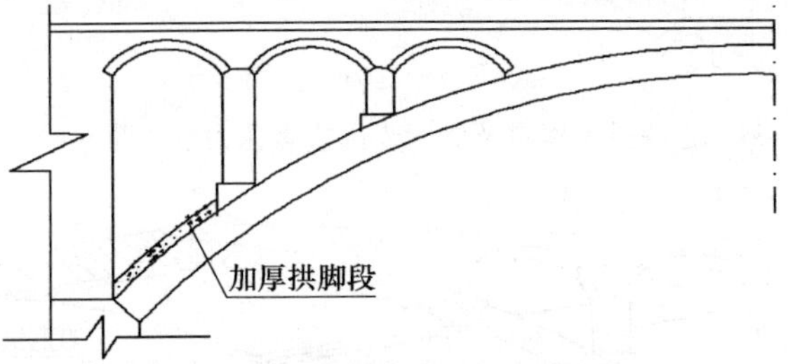

图 8-32　增加拱脚段配筋并增大截面

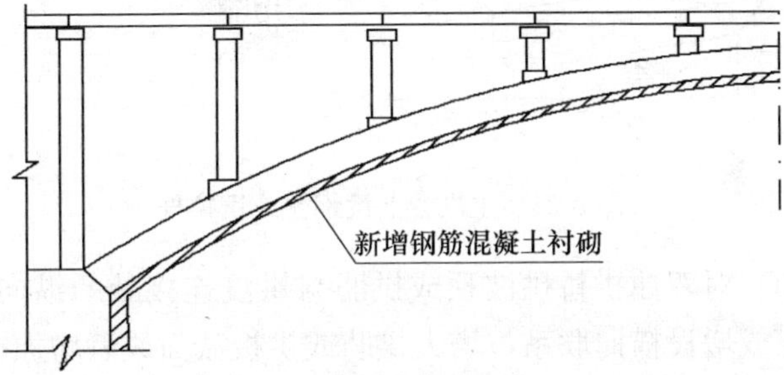

图 8-33　拱腹新增钢筋混凝土衬砌

（2）对主拱券或腹拱券出现的纵向裂缝，墩、台帽纵向裂缝及墩、台身竖向裂缝，如裂缝继续发展，则须先加固基础及其他下部结构。拱券裂缝应视缝宽大小，采用灌浆封闭、增大截面、横向粘贴钢板或纤维复合材料；或增设多道钢箍，并尽量做成封闭箍；或通过钢拉杆施加横向预应力等方法加固，如

图 8-35 所示。

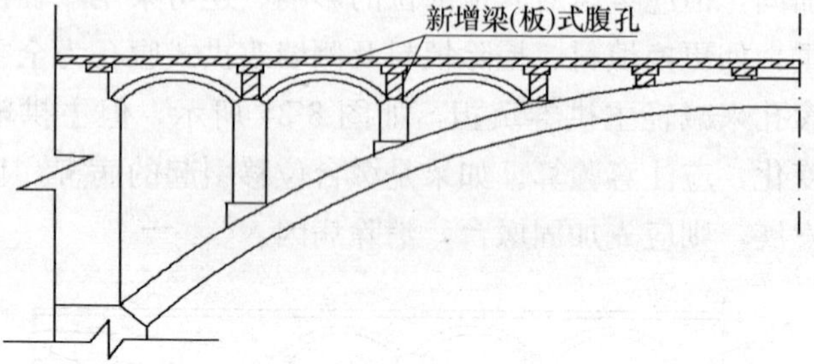

图 8-34　挖除拱上填料及侧墙改拱式腹孔为全空腹式梁板腹孔

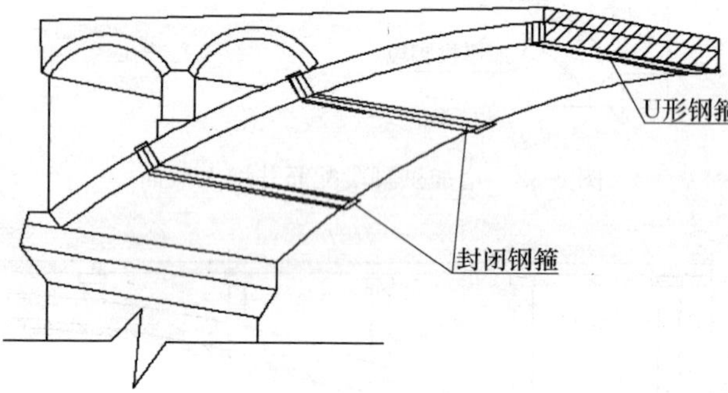

图 8-35　主拱券上设钢箍或钢拉杆

（3）对双曲拱桥拱波顶或拱肋与拱波连接处的纵向裂缝，应加强或增设横向联系，增大拱肋或拱板截面或者增加拱肋数量，减轻拱上建筑自重，如更换腹拱和实腹段的填料，改横墙式腹孔墩为立柱式腹孔墩，改拱式腹孔为梁板式腹孔等，如图 8-34 所示。如果是墩、台横向不均匀沉降引起的开裂，则应先加固地基。

（4）对拱上矮立柱上下端裂缝，最好改成缩颈铰，让它能适当转动，如图 8-36 所示。对于靠近墩台及实腹段的腹拱券拱脚或拱顶裂缝，如果裂缝较宽至断裂或两侧有明显高差，则要考虑拆除重建为三铰或两铰腹孔，否则可暂不予以处治，但相应位置处侧墙及桥面的变形缝要设置好，不然会漏水。

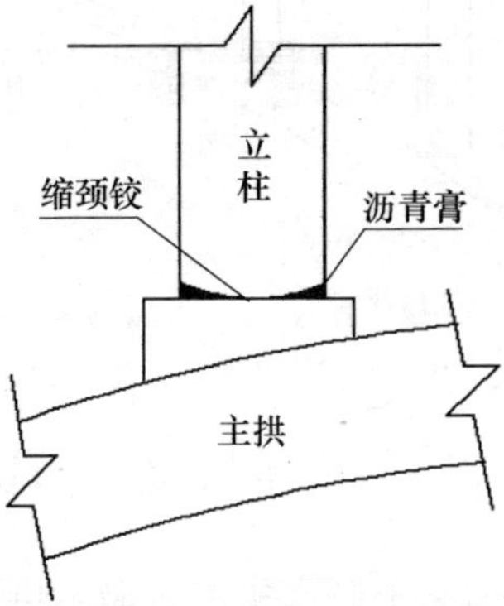

图 8-36　改拱上矮立柱为铰接

（5）对桥面纵向开裂及横向联系竖向裂缝，应加强结构的横向整体性，如加大或增加横梁，结合翻新桥面，适当加大混凝土铺装层厚度、提高强度等级、增强桥面横向配筋；有填料的拱桥，将填料挖除并改为现浇混凝土加固。

（6）对拱顶下挠过多、底面横向开裂的拱桥，可采用体外预应力索在拱券弹性中心以下部位的拱背上设锚座张拉，使拱顶产生负弯矩及反拱度，如图 8-37 所示，但拱脚处也同时产生负弯矩，应加大拱脚段截面来处理，体外预应力索的具体位置及张拉力大小应根据拱券内力（主要是弯矩）的变化反复试算后确定。

（7）对肋拱、双曲拱等因拱脚水平位移及下沉造成主拱券变形过大及开裂，拱轴线与压力线严重偏离，采用其他补强措施难以奏效时，可采用拱脚顶推复原调整拱轴线的方法改善拱券受力，但此法技术复杂，风险大，成本也不低，较少采用，此不详述。

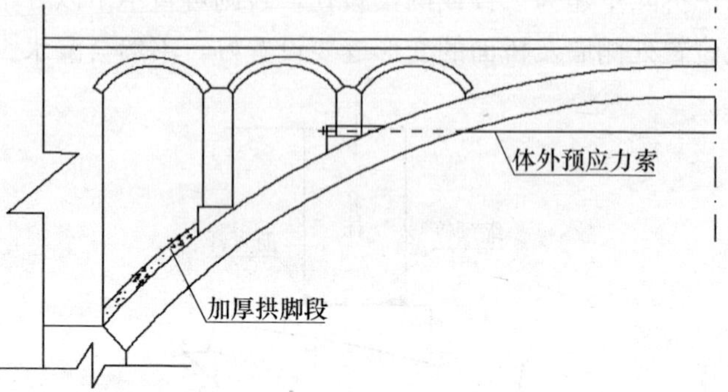

图 8-37　拱上布置体外预应力索

（8）对主拱券接头不好产生的裂缝，可采用灌缝、植筋连接或补焊连接等方式加强。

（9）对钢管混凝土钢管表层的褶皱，最好采用外包一层钢筋混凝土增大截面，或加密格构间的缀体板，或增加管壁加劲肋。对管内空隙则要钻孔注入环氧胶浆或水泥浆充满。

（10）以上各种加固方法中，若对拱上建筑进行改造或对主拱券增大截面时，在卸载和加载过程中应注意单孔和多孔间的均衡对称性，保证拱券及墩台的稳定。

8.8　圬工拱桥

圬工拱桥主要指用石材、混凝土预制块砌筑的实腹式或空腹式拱桥。实腹式拱桥的跨径大多在 20m 以下，主拱券常用板拱，自重大，但承载潜力是所有拱桥中最大的一种。空腹式拱桥主拱券常用板拱、箱板拱及肋拱，最大的石肋拱跨径达 130m。圬工拱桥均为上承式拱桥，其大多数常见病害及加固方法与钢筋混凝土板拱、肋拱及箱形拱桥类似，以下仅针对圬工的特点阐述圬工拱桥所具有的不同病害及加固方法。

常见的病害有：

（1）拱券出现大面积的严重风化剥落、灰缝脱空。原因是砌体和砂浆的材质差，或者受到腐蚀性强的水和气体的侵蚀。

（2）拱券的个别拱石出现裂缝、灰缝脱落、压碎或外凸。

（3）主拱券拱顶下缘出现 1～2 条横向贯通的裂缝，如果裂缝两侧有明显高差，说明墩台有不均匀下沉。若无明显高差，但拱顶有少量下沉，则可能墩台向桥孔外滑动或转动，或由于拱券承载力不足引起；若拱顶上拱且下缘出现横向压碎裂纹，则可能墩台向桥孔内滑动或转动。

（4）拱券分层砌筑时，沿砌缝出现环向裂缝，这主要与施工时的砌筑工序、支架变形、砌缝处理及砂浆强度有关。

（5）拱上侧墙外倾或伴有斜向沿竖向砌缝成锯齿状的裂缝，特别是实腹式拱桥的侧墙，主要是拱上填料在车辆作用下产生较大土侧压力所致。

（6）砌体表层沿砌缝无规则开裂，主要是砂浆强度等级低或砂浆不饱满。

（7）拱上侧墙沿拱券的拱背开裂或脱离，主要是墩台下沉、温度变化或车辆作用时主拱券与拱上建筑变形不协调，或砌缝未处理好引起。

其他一些病害与钢筋混凝土上承式拱桥病害类似。

上述病害可选的加固方法有：

（1）如果砌体表层风化剥落、灰缝脱空，可先凿除松动的剥蚀层，露出新鲜面，并用高强度等级水泥砂浆填塞灰缝，视厚度分层涂抹或喷涂水泥砂浆修补，砂浆中可添加一些化学纤维以增强抗裂性。

（2）对由于墩台不均匀下沉引起的拱顶横向裂缝，如果下沉还未稳定，应先加固墩台基础，再对裂缝注水泥浆后，在拱腹下植筋、挂钢筋网浇筑或喷射混凝土内衬，增大拱券截面加固。如果沉降基本终止，就只需加固拱券，开裂不严重时，也可只灌浆封闭。对由于墩台滑动或转动引起的拱顶裂缝，如果墩台位移尚未停止，应先加固墩台，再对裂缝注浆封闭后，可从拱腹或拱背浇筑钢筋混凝土，增大截面加固。对由于承载能力不足引起的拱顶横向裂缝及下沉，除可采用拱背或拱腹增大截面外，如图 8-33 所示，还可同时采用减轻拱上建筑自重来减少恒荷载，如实腹拱改空腹拱，如图 8-38 所示，将原填料更换为轻质填料，改拱式腹孔为梁板式腹孔或全空腹式拱上建筑，如图 8-34 所示。对小跨径拱桥还可在拱顶上浇筑一钢筋混凝土简支板或垫板，如图 8-39 所示，将原桥改为拱梁组合体系，以减轻主拱券活荷载，提高承载力。以上加固过程中若墩台负担增加较多，应考虑墩台及基础的承载力及稳定是否满足加固需要。

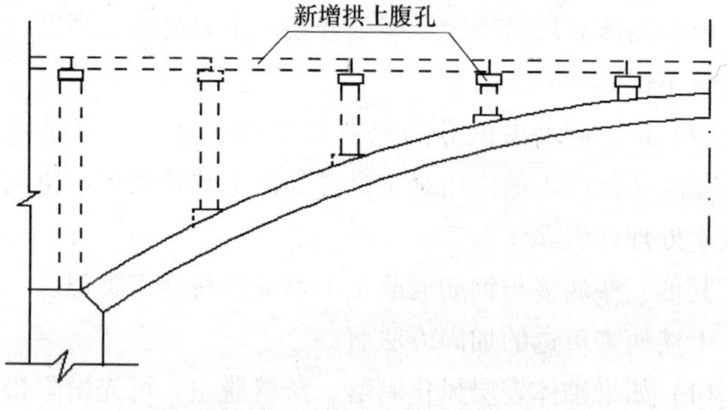

图 8-38　实腹式拱桥改空腹式拱桥

（3）如果拱券个别拱石出现病害，可凿除压碎部分，视裂

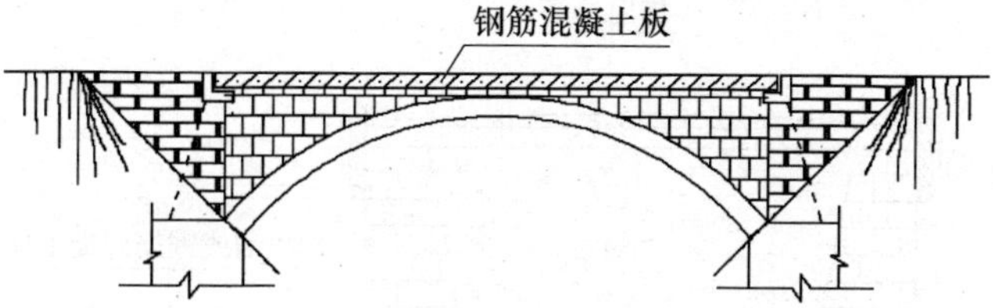

图 8-39　原拱上增设钢筋混凝土垫板

缝宽度大小，用环氧胶、高强度等级水泥砂浆或环氧砂浆灌缝或填缝，再用水泥砂浆或小石子混凝土修补。拱石严重碎裂的，要全部凿除用混凝土填补。

（4）主拱券沿砌缝环向开裂时，采用钢板或铸件做成的楔形键或抓钉竖向嵌入拱券两侧，开裂范围大且严重时在拱券上径向钻孔穿入长锚栓，适当加压后锚固，其间距布置视环向开裂程度而定，原裂缝用水泥浆灌缝封闭，如图 8-40 所示。

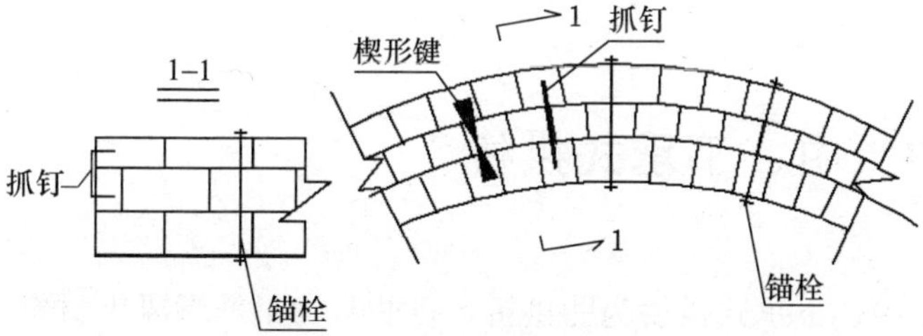

图 8-40　拱券环形裂缝处理

（5）拱上侧墙外倾，视外倾程度，采用挖出墙内填料更换成砂砾石、浆砌片石等较少侧压力的材料；对空腹式拱桥的腹拱侧墙及实腹段侧墙外倾，由于填料较少，可更换成低强度等级混凝土。对实腹式拱桥也可采用加厚侧墙尺寸，或者在两侧墙钻孔设多根钢拉杆对锚，如图 8-41 所示。

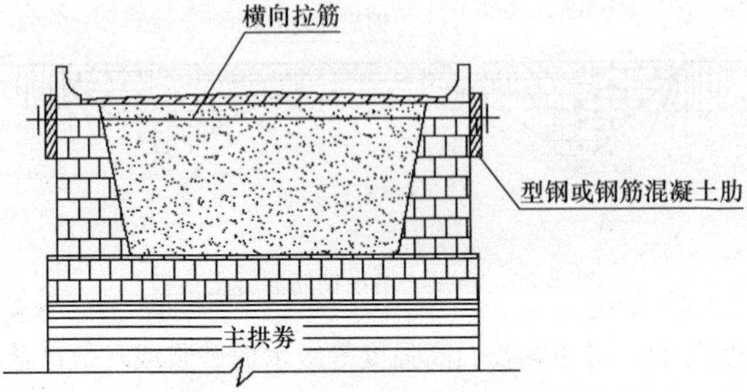

图 8-41　用横向拉筋加固侧墙外倾

（6）拱上侧墙沿拱背开裂或脱离，如果是基础下沉引起并未终止的，应先加固基础，再用高强度等级水泥浆或砂浆灌缝封闭，并检查两拱脚上方侧墙上至桥面的伸缩缝是否完好，否则可能引起拱上建筑与主拱券变形不协调。

（7）砌体表层砌缝开裂，可采用水泥砂浆灌缝封闭或勾缝。

8.9　中、下承式拱桥

中、下承式拱桥为肋拱桥，拱肋常为钢筋混凝土材料，截面多为矩形、I形或箱形，也常用钢管或钢管混凝土，或它们的组合体。从受力体系来讲，中、下承式拱桥分为普通拱（有推力拱）和系杆拱（无推力拱）两类，与上承式拱桥的主要构件区别有吊杆、吊杆横梁（有的还有纵梁）、系杆。

吊杆有刚性吊杆和柔性吊杆之分，后者用得较多。系杆也有刚性与柔性之分，中承式（飞燕式）系杆拱常用柔性的高强钢丝作为系杆，下承式系杆拱有柔性系杆刚性拱、刚性系杆刚性拱和刚性系杆柔性拱之分，前两者较普遍。除了有类似于上承式拱桥的病害外，中、下承式拱桥还可能有如下病害：

（1）吊杆锚头松脱、锈蚀或钢丝锈蚀、剪断，重点在桥面下的锚头及短吊杆的两端锚头容易出现。

（2）吊杆横梁作为简支梁或双悬臂简支梁，常用钢筋混凝土或预应力混凝土，可能跨中梁底会有竖向弯曲裂缝，靠吊点两侧的腹板上出现斜裂缝，此外吊点处的横梁顶面可能出现纵向裂缝，如图 8-42 所示。吊杆横梁间有纵梁的梁格系桥面，纵、横梁的节点附近以及拱肋与刚性系杆的节点附近也可能会出现开裂现象。

（3）系杆锚头的松动、锈蚀或钢丝锈蚀、断丝。刚性系杆因要承受轴力及局部弯矩，类似于弹性支承的连续梁，也具有受弯构件的常见病害，这里不再复述。

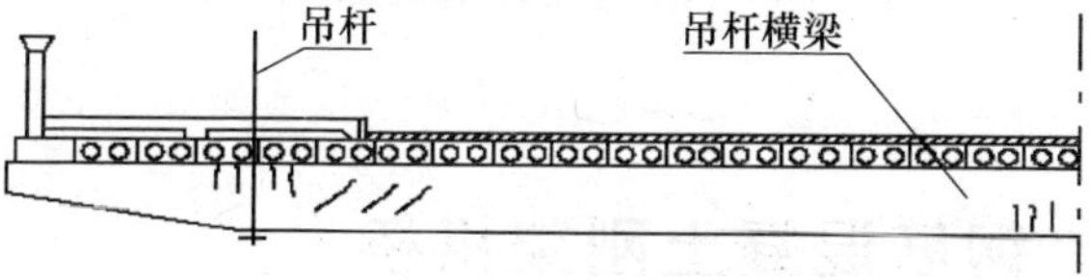

图 8-42　吊杆横梁裂缝

上述病害可选的加固方法有：

（1）对于吊杆或系杆的锚头松动或个别滑丝，条件许可时，应重新收紧锚头张拉松弛的系杆或吊杆来调整内力或标高，柔性吊杆大多采用墩头锚，可通过增加钢垫块的方法收紧，系杆若采用夹片锚则应补拉重锚。对严重锈蚀、断丝或无条件张拉收紧的吊杆或系杆，应通过预留孔道换索，没有预留孔道的，则应采取其他措施将所换吊杆或系杆临时卸载后再换索。

(2) 对于吊杆横梁、纵梁或刚性系杆出现的各种裂缝可像前述钢筋混凝土或预应力混凝土简支梁、连续梁和悬臂梁那样进行加固，如采用体外预应力法、粘贴钢板或纤维复合材料法等。

(3) 对纵、横梁节点及拱脚节点裂缝，简便处理方法是粘贴块状钢板或纤维复合材料，如图 8-43 所示。

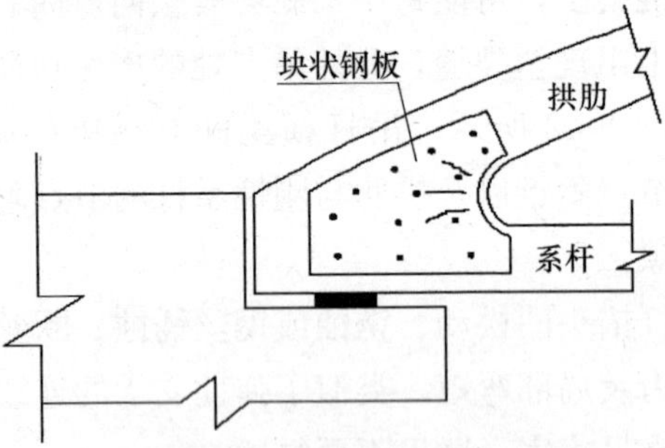

图 8-43　粘贴块状钢板加固拱脚节点

8.10　钢筋混凝土刚架拱桥

1. 钢筋混凝土刚架拱桥的使用现状

正常情况下，大跨度刚架拱桥的最常见病害是弦杆和刚节点处的裂缝，但对钢筋混凝土构件来说，只要裂缝宽度不超过容许值，也属正常使用。虽然目前有较多的业主反对新建刚架拱桥，但通过对其病害原因的分析，应该正确地看待其承载能力及使用性能的问题。

2. 钢筋混凝土刚架拱桥常见病害及可选的加固方法

钢筋混凝土刚架拱桥主要由外弦杆、内弦杆、实腹段、拱腿（主拱腿）、斜撑（次拱腿）、横向联系、桥面板及桥面铺装层组成，如图8-44所示。以下对各构件病害现象、病害原因及目前采用的加固方法逐一论述。

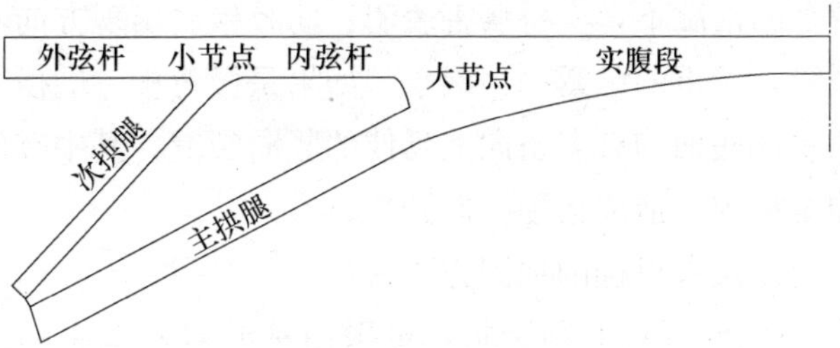

图8-44　刚架拱片构造图

（1）桥面铺装层。桥面现浇层对采用预制拼装施工的桥面板来说，尤为重要，与其他类型桥梁相比，钢筋混凝土刚架拱桥的混凝土铺装层是组合断面的一部分，直接参与受力，更重要的是，拱片大、小节点负弯矩区的受拉钢筋都布置于现浇铺装层中。如果该位置所承受的拉应力过大，将会导致桥面横向贯通开裂，若桥梁整体性较差，还会引起桥面的拱片位置处纵向贯通开裂，这两类裂缝均属结构受力性裂缝，必须尽快进行加固。其他坑槽、网裂之类均属铺装层本身局部病害。

对上述病害可选的加固方法有：

① 凿除桥面铺装，重新浇筑铺装层混凝土，按新规范要求提高混凝土强度等级，加强桥面钢筋网的配筋，并特别注意必须将钢筋网架起来。新浇铺装层根据需要决定是否加厚。

② 进一步加强负弯矩区的纵向钢筋配置。

（2）桥面板。钢筋混凝土刚架拱桥的桥面板常用少筋肋腋板或微弯板两种，极少数采用矩形实心板或空心板，其实前两种板就是在矩形板的基础上优化而来的，钢筋和混凝土用量较少，重量轻，代价是施工复杂。少筋肋腋板和微弯板不仅配筋少，厚度尺寸也偏小，在短期设计荷载下肯定没有问题，长期超载较多的情况下，实桥病害表明：肋腋板底出现方向不太规则的裂缝，严重的已露筋、漏水；如果是微弯板，则微弯板的加劲肋中部底面均有多条向上延伸的竖向裂缝，其中有的裂缝可延伸至板顶，造成板顶纵向开裂。

对上述病害可选的加固方法有：

① 对底面开裂的肋腋板，可采用粘贴双向编织的纤维布或粘贴钢板的方法，纤维的强度不必太高。

② 对加劲肋开裂的微弯板，采用垂直于裂缝的单向碳纤维片成U字形粘贴于肋底比贴钢板方便，微弯板顶的纵向裂缝视宽度大小，采用灌缝和封闭处理。

③ 结合桥面改造，增加现浇层的厚度及强度，加强现浇层内的配筋，以改善桥面板的受力状况。

（3）内、外弦杆及实腹段。弦杆及实腹段常采用矩形、I形、箱形截面，外弦杆为受弯构件，内弦杆及实腹段为压弯（偏心受压）构件。一般拱片产生的裂缝，常出现在外弦杆上，其次是内弦杆和实腹段。外弦杆竖向裂缝和大、小节点两侧的斜裂缝常见，只是程度不同而已，当然如果裂缝宽度在容许范围内，也符合设计要求，还不到必须加固的地步。但对病害严重的刚架拱桥，外弦杆和实腹段跨中底部受拉区、内弦杆的裂缝较多、较宽，有的横向已贯通，竖向也裂至顶部，特别是节点两侧的斜裂缝较宽，有的已贯穿。

对上述病害可选的加固方法有：

① 对刚架拱外弦杆受弯构件的加固，如果弦杆不属于超筋梁，可采用在底面受拉区粘贴U形碳纤维片、粘贴钢板或

增大截面高度和配筋；如果弦杆属于超筋梁，最好采用增大截面高度和配筋的方法，或在底面受拉区粘贴 U 形碳纤维片或粘贴钢板的同时，增加桥面现浇层厚度。

② 内弦杆为偏心受压构件，可采用与外弦杆相同的方法加固。

③ 大、小节点两侧的斜裂缝，可在裂缝面粘贴钢板或纤维片加固，以承受主拉应力。增大弦杆截面高度，也能减小主拉应力。

④ 对跨中实腹段的微弧形底面，可采用粘贴 U 形碳纤维片，以承受弯曲拉应力及径向撕拉力，或采用增大截面高度和配筋的方法加固。

⑤ 对弦杆及实腹段其他部位的裂缝，可采用灌缝和封闭裂缝，如图 8-45 所示。

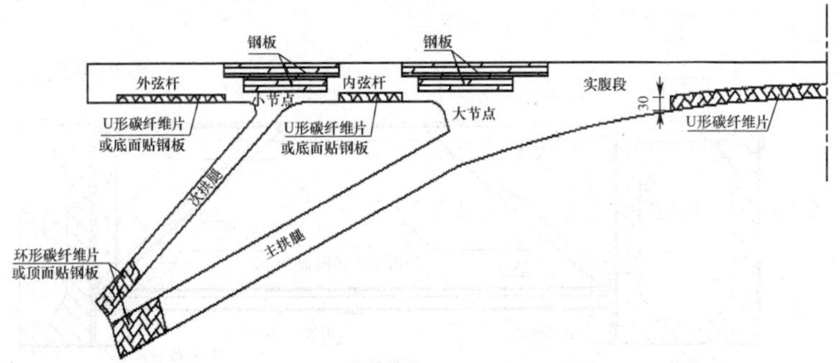

图 8-45　刚架拱片各部位加固图

（4）横向联系。钢筋混凝土刚架拱桥的横向联系，在弦杆及实腹段约 3m 有一道，节点处得到加强，在拱腿及斜撑上，根据跨径大小，也有一至多道，一般情况下都比较完好。但整体性受损的钢筋混凝土刚架拱桥就大不一样，实腹段及弦杆段的横隔板中部大多有上下贯通的竖向裂缝，挖空的横隔板比实心横隔板严重，特别是实腹段横隔板裂缝较多、较宽，个别的几乎断裂成只有钢筋相连，拱腿及斜撑上的横向联系一般基本完好。而采用重力式墩台的刚架拱桥，横向联系很少有病害，说明刚度低的轻型拱桥不宜采用柔性墩。

对上述病害可选的加固方法有：

① 中断交通施工时，横隔板可采用混凝土加固，即在原横隔板的基础上，通过植筋加厚、加高横隔板。

② 不能中断交通施工时，横隔板只有采用施工快速、简便的钢结构加固，如图 8-46 所示。在原混凝土横隔板的四个角，采用粘贴和螺栓固定四根角钢，再用两片钢桁架夹住原混凝土横隔板，施工时做好所有横隔板加固准备工作，并点焊固定位置后，临时中断交通，将各钢构件焊接完成后，再恢复交通。

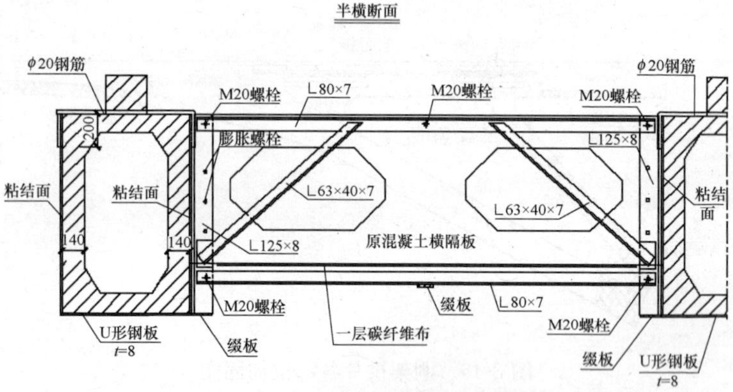

图 8-46 刚架拱横隔板加固图

（5）主拱腿及斜撑。主拱腿和斜撑为小偏心受压构件，在恒荷载及车辆作用下，一般不产生拉应力，其内主要按构造配筋。但有的斜撑底部附近有较多由顶面而下的环形裂缝，有的开裂至截面高度一半左右。采用有限元计算分析可知，使用荷载下，构件不产生拉应力，但在墩、台不均匀沉降时，斜撑底部的负弯矩就非常敏感，较小的不均匀下沉，在此处将产生较大的拉应力。实桥观察也说明斜撑底部有裂缝出现，极可能是墩、台发生不均匀沉降。此外，温度下降时也容易产生斜撑底部的负弯矩。

对上述病害可选的加固方法有：

对于斜撑根部的裂缝，可采用环形包裹粘贴纤维布，也可采用顶面粘贴钢板或碳纤维条，或可考虑增大截面加固。

8.11 斜拉桥

斜拉桥的上部结构分为三大部分：主梁、拉索及索塔。主要可能有预应力混凝土结构（箱梁、肋形梁）、钢结构（箱梁、桁梁、板梁）及钢结构加混凝土桥面板混合梁等，视其结构类型按预应力混凝土梁、钢梁或钢—混凝土组合梁桥的相关病害情况及加固方法进行。索塔常为钢筋混凝土、预应力混凝土或钢结构的偏心受压柱，横梁为受弯构件，按其材料所属相应受力构件进行病害分析及加固设计。唯一特殊的构件是拉索，拉索的非受力性病害有：拉索护套的开裂、漏水，护筒生锈，减震装置工作异常或失效，拉索锚头、垫板、锚具、锚箱的锈蚀、位移、变形，连接螺栓松动、锈蚀、断裂，锚下混凝土开裂、剥落、渗水。以上这些病害均属养护、维修范畴。拉索的受力性病害有：索力值超出正常范围，过大或过小，应检查主梁的裂缝及变形情况，查明原因，经计算分析后对主梁进行加固和调整索力，必要时应更换拉索。

8.12 悬索桥

悬索桥的上部结构可分为主缆、加劲梁、吊杆（索）、索塔、锚碇和索鞍六部分。主缆基本上是不可更换的部分，有较大的安全储备，强度一般没有问题，新桥修建时防护比较讲究，有多层防护措施，一般外层防护出现剥落、开裂等现象时就应进行维修。特别注意的部位是锚碇处及索鞍处的防锈、防水，以及索鞍滑动是否正常，如果偏移超出设计允许值，应顶升将辊轴复位。悬索桥的受力性病害主要是主缆线形位置偏离太大、各索股受力较不均匀，应通过吊杆长度调整或通过索端拉杆螺栓调整。如果要调整主缆垂度，得先卸除恒载，放松索夹，再逐股张紧索股并固定，工程浩大。

加劲梁一般采用钢箱梁、钢桁梁、钢板梁、钢—混凝土组合梁，极少采用预应力混凝土梁，按其材料所属相应受力构件进行病害分析及加固设计。减少吊桥竖向或横向变形的方法主要是通过增设拉索，增加加劲梁的竖向或横向支承密度，以提高加劲梁的竖向或横向刚度，但会改变结构受力体系，应认真计算分析，工程量也很大，拉索的两头连接构造也不容易解决。

吊杆一般采用高强钢丝组成，有直吊杆和斜吊杆两类。少数小跨径吊桥采用高强粗钢筋组成，吊杆也有相当的安全储备，强度一般没问题。吊杆本身主要是防护问题。特别需要注意的是吊杆上、下端的索夹及连接螺栓和锚头的松动、防锈，必要时应使索夹复位或更换吊杆。

索塔一般为钢筋混凝土、预应力混凝土或钢结构，主要承受塔顶索鞍传递的竖向压力及水平力，还承受自重、风力和温度影响力等，属偏心受压构件，本身的病害分析及加固设计按相应材料的构件进行。

锚碇常有重力式和隧道式结构，主要由基础、锚块、锚碇架（板）、散索鞍、连接构件等组成，属钢构件的问题主要是防锈、防水、防松动，属混凝土构件的问题主要是防裂、防水、防变形，出现病害时按其材料所属相应受力构件进行分析及加固，如增加型钢支撑、增补或增大钢筋混凝土锚碇板、压重等。

总之，由于斜拉桥、悬索桥跨径大，数量相对其他类型的桥梁来说少得多，目前主要是养护、维修工作，工程量比较大的是少数斜拉桥换索，更大规模的加固改造由于成本较高，应做多方案经济比较。对于养护、维修施工方法及工艺在相关的养护规范及手册中已有较详细说明。对于大规模的钢结构加固改造，其设计及计算与新结构没有本质区别，只是结构体系或构件尺寸发生了变化。

8.13　钢-混凝土组合梁桥

钢-混凝土组合梁桥一般采用I形或箱形钢梁上加钢筋混凝土或预应力混凝土桥面板，常用于简支梁，少数也用于连续梁，但在负弯矩区须施加预应力。

（1）钢梁的病害及加固同一般钢结构，对于钢构件的锈蚀、脱皮、变形，连接部位的松动、焊缝裂纹等病害，由于钢构件连接方式多，有焊接、栓接、铆接、粘接等，加上钢构件加工容易、材料均质单一，加固设计及施工都较混凝土构件容易，与新结构的设计与计算相比没有特殊性。

（2）混凝土桥面板的病害及加固同一般钢筋混凝土或预应力混凝土受弯板。

钢-混凝土组合梁桥的病害及加固的特殊性在于混凝土桥面板与钢梁的连接部位，该处可能会出现纵向裂缝、滑移或掀起。对于少量细裂缝及滑移可采用压注环氧胶封闭处理，严重时要更换桥面板、增设剪力键等。

参考文献

[1] 刘玉民，陈惟珍，杨修志．桥梁养护技术与管理［M］．北京：人民交通出版社，2013.

[2] 李世华，张建辉．道路桥梁养护手册［M］．北京：中国建筑工业出版社，2002.

[3] 杨修志．桥梁养护技术应用与实践［M］．北京：人民交通出版社，2013.

[4] 武春山，张德成．桥梁养护与加固技术［M］．北京：人民交通出版社，2010.

[5] 黄平明，陈万春．桥梁养护与加固［M］．北京：人民交通出版社，2009.

[6] 中国建筑工业出版社．城镇道路桥梁施工规范［M］．北京：中国建筑工业出版社，2008.

[7] 王解军．桥梁工程［M］．湖南：中南大学出版社，2009.

[8] 刘万桢．城市桥梁施工［M］．北京：中国建筑工业出版社，1992.

[9] 秦荣．大跨度桥梁结构［M］．北京：科学出版社，2008.

[10] 杨文渊，徐犇．桥梁施工工程师手册（第二版）［M］．北京：人民交通出版社，2006.

[11] 桂业昆，邱式中．桥梁施工专项技术手册［M］．北京：人民交通出版社，2005.

[12] 周建庭，张劲泉，刘思孟．大中型桥梁加固新技术［M］．北京：人民交通出版社，2010.

[13] 苏志忠．道路与桥梁工程概论［M］．北京：人民交通出版社，2009.

[14] 刘来君，赵小星．桥梁加固设计与施工技术［M］．北京：人民交通出版社，2004.
[15] 陈从春．桥梁施工技术与安全［M］．北京：中国建筑工业出版社，2012.
[16] 李世华．道路桥梁维修技术手册［M］．北京：中国建筑工业出版社，2003.
[17] 邵旭东．桥梁工程［M］．北京：人民交通出版社，2004.
[18] 周建庭，杨建喜，梁宗保．实时监测桥梁寿命预测理论及应用［M］．北京：科学出版社，2010.
[19] 王云江，张海东．桥梁工程养护维修与管理［M］．北京：化学工业出版社，2014.
[20] 中华人民共和国住房和城乡建设部．城市桥梁养护技术标准：CJJ 99—2017［S］．北京：中国建筑工业出版社，2018.